逸見敏郎
山中淑江
編著

# 大学生が出会うリスクとセルフマネジメント

## 社会人へのステップ

学苑社

## はじめに

　大学生は、「社会人」になる直前の段階であると言われます。皆さんは「社会人」をどのように考え、定義しますか？　自分で収入を得る、税金を払う、選挙権を行使するなどさまざまな考え方があります。また、保護者や教師の保護のもとに生活をするスタイルから、自分自身で自立的また自律的に生活を組み立てることができるという考え方もあるでしょう。

　本書は、立教大学学生部と学生相談所が2012年度および2013年度に立教大学全学共通カリキュラム主題別B群で行なった「社会人への階段―大学生の責任・危険・対人関係―」という授業をもとにして編まれています。学生部の窓口や学生相談所は、大学生の定点観測ができる部署のひとつと言えます。具体的には、窓口に訪れる学生との対話をとおして、学生の変化や、その時々の学生生活の実際の一端を窺い知ることができるということです。この授業は、窓口や相談に訪れる学生と長年関わりをもつ中で、スタッフやカウンセラーが大学で学び、卒業して社会人になる前に知っておいてほしいこと、考えてほしいこと、そして身につけてほしいことを幾度にもわたる議論の中から抽出して選び出したテーマから構成されました。そしてそれぞれのテーマには、そのテーマについて第一線で活躍されている方々をゲストスピーカーとしてお招きし、理論的な解説と現実的にみられる状況について講義していただきました。

　授業で取り上げたテーマをさらに精選し、私たちが市民として、社会の中に自分を位置付け、共生と協働の生活を築くために必要な知識や態度および方法として最低限必要と考えた11のテーマが次のページから繰り広げられます。どのテーマも、社会生活を送る中で、直接的あるいは間接的に出会う可能性があるものです。また知識として知ることは基本ですが、実際に行動できるようになることも必要です。そのために各章末に「考えてみよう」という課題を用意しました。課題を通して、知識が行動につながるような練習もしてください。また各章の内容について家族や友人とも話し合い、意見をシェアしあいながら、各テーマを相対化し、深く考えるような活用もしてください。

逸見敏郎

# 目 次

はじめに　　　　　　　　　　　　　　　　　　逸見敏郎 ……………1

## 第1章　大学生の心理と社会人への移行　　　逸見敏郎 ……………5
　　1　はじめに
　　2　青年期とは
　　3　アイデンティティ
　　4　青年期の心理的特徴
　　5　青年期から成人期へ
　　6　ライフサイクルを念頭において青年期を生きる

## 第2章　カルトや自己啓発セミナーとその危険　西田公昭 ……………21
　　1　はじめに
　　2　カルト集団と危険の概要
　　3　破壊的カルト集団
　　4　マインド・コントロール
　　5　批判的思考のすすめ
　　6　おわりに

## 第3章　インターネットに潜む危険　　　　　　高石浩一 ……………37
　　1　はじめに
　　2　身近な問題
　　3　就職活動
　　4　ネットに関する事件
　　5　大学で起こりがちな問題
　　6　インターネット依存
　　7　まとめ

## 第4章　薬物の誘惑と危険　　　　　　　　　　松本俊彦 ……………51
　　1　はじめに
　　2　薬物依存の現実
　　3　薬物依存症の実際

4　なぜ薬物を止められないか
　　　5　薬物が脳に与える影響
　　　6　薬物依存症の影響
　　　7　困ったときは、相談しよう

第5章　法・社会・人間　　　　　　　　　　　　宗像　雄 ……………73
　　　1　はじめに
　　　2　日本における「根本原理」
　　　3　法の意義
　　　4　社会生活における法
　　　5　法と正義①　──　法の内容
　　　6　法と正義②　──　法の適用プロセス

第6章　医療情報と大学生の健康　　　　　　　　大生定義 ……………89
　　　1　はじめに
　　　2　医療情報とは
　　　3　心と体　──　自律神経と症状
　　　4　感染症について知り、自分を守る
　　　5　麻疹・風疹・性感染症

第7章　食を通して考える健康　　　　　　　　　時友正子 ………… 109
　　　1　はじめに
　　　2　食と自然や社会との関わり
　　　3　現在までの食環境
　　　4　食教育
　　　5　これからどう生きていきたいか
　　　6　消化のメカニズム
　　　7　ダイエットについて
　　　8　おわりに

第8章　大学生のメンタルヘルス　　　　　　　　安宅勝弘 ………… 127
　　　1　青年期という時期
　　　2　ストレッサーとストレス
　　　3　青年期にみられやすい病気　──　対人恐怖と社会不安障害
　　　4　"うつ"について

5　ストレスへの対処
6　認知の偏りのパターン
7　バランスのよい考え方を身に付ける
8　睡眠について

## 第9章　デートDVと大学生　　　　　　　　　中島幸子 ………… 147
1　はじめに
2　パワーとコントロール、そして暴力
3　暴力の責任
4　暴力の種類
5　混乱について
6　トラウマと脳
7　尊重のない会話
8　おわりに

## 第10章　家族関係を考える　　　　　　　　　平木典子 ………… 163
1　はじめに
2　家族とは
3　家族を関係（システム）として理解する
4　親密な家族関係を創るには

## 第11章　さわやかな関係を築く自己表現　　　山中淑江 ………… 175
1　現代社会とアサーション
2　言動の3つのタイプ —— 攻撃的・ノンアサーティブ・アサーティブ
3　怒りの感情について
4　人と気持ちの良い関係をつくるために

おわりに　　　　　　　　　　　　　　　　　　山中淑江 ………… 190

索引　191
著者紹介　193

装丁：有泉武己／カバーイラスト：山中　萌

# 第1章

# 大学生の心理と社会人への移行

逸見敏郎

---

　大学生はライフサイクルでは青年期の区分に入ります。エリクソン（Erikson, E. H.）は青年期の心理−社会的テーマを「自我同一性の確立 VS 自我同一性の拡散」としました。これは、身体的発達および思考の発達が高い水準に達するこの時期に、自らをどのように現実社会の中に位置づけるかというテーマが中心になるということです。

　大学生になるとき、あれもやりたい、これもやりたいとさまざまな希望と目標をもっていた人も少なくないでしょう。しかし、現実は今一歩、前に踏み出せなかったり、決めることができなかったりすることもあるかもしれません。

　この章では青年期の心理的特徴についての説明と、それに基づき大学生時代にどのようなことを考え、行動すれば良いかについて学びましょう。

## 1　はじめに

　今、大学生の皆さんは、青年期という発達段階に位置しています。社会人になるということは青年から成人へ移行するということであり、この移行過程は"school to work"と言われたりもします。つまり大学生の皆さんは、いずれ大学生活にピリオドを打って社会に出て、働くことになります。昨今、社会人になるということは、働き始めて経済的に独立すること、というニュアンスがあります。そこには、学生時代に何を学び、体験し、それをもとにしてどのような態度を身につけて社会にでていくのか、ということも含意されているわけです。
　この章では、青年期の心理的特徴に触れ、そのあとに成人期への移行について考えていきたいと思います。

## 2　青年期とは

　皆さんは大人ですか、子どもですか？　と問いかけられたとき、どう答えますか。私は大人です、私は子どもです、とはっきりと答えられますか。大人でもあり、子どもでもある、というような答えを思い浮かべる方が比較的多いのではないかと思います。さらに、皆さんが思い浮かべる大人のイメージはどのようなものでしょうか。皆さんが考えている大人というのはどういうイメージで、そしてそれは、それに向かって自分がどう生きていったらいいのでしょうか。
　大学生といっても1年生と4年生では、違いも出てきますが、一般的に、大人か子どもかはっきりしない、また明確な大人イメージがもてない状態が、青年期の特徴のひとつと言えます。このことを子どもと大人の中間、周辺にいる人いう意味を込めて、マージナルマン（marginal man）と言ったりします。換言すれば、子ども的な部分と大人的な部分、その両方の心性を兼ね備えてい

るのがこの青年期という時期なのです。それは、あるときは子どもの言い分を使って物事から逃れたり、あるときは大人の言い分を使って逃れたり、とそういう都合良く使い分けができるということでもあるでしょう。

それでは、青年期は、いつから始まっていつ終わるのでしょうか。これは、青年心理学ではかねてから議論がなされてきています。一般的に青年期の始まりは非常に明確です。第二次性徴が出現したときが青年期の始まりだ、ということが言われています。それでは、青年期の終わりはいつなのでしょうか。青年期の終わりについては、時代の変化に影響されており、1950年代頃は、20代半ば頃まで、と言われていました。つまり、大学を卒業する頃には、青年期は終わり、その次のステージ、前成人期に入る、ということです。

その後、20代後半から30代前半に青年期は終わるということが議論されてきています。この30代前半に属しますが、社会的現実的な側面から34歳という年齢がひとつの区切りになるのか、と個人的には考えています。それは、65歳になった際に厚生年金を受給するためには、20歳から60歳までの間に300ヵ月、つまり25年間の年金保険料を納める受給資格期間が必要となります（なお、年金機能強化法により、2015年10月以降、受給資格期間は10年に短縮される予定）。つまり、35歳から25年間、会社員や公務員になり、厚生年金保険料を納付すると、65歳以降に基礎年金に加えて厚生年金や共済年金が給付されることになります。このことは、老年期以降の生活を視野に入れるならば、遅くとも35歳には正規雇用の職につくことが必要であるということです。

また2007年施行の雇用対策法改正のうち、募集・採用に関わる年齢制限の禁止の廃止により、採用上限年齢を明示することができなくなりましたが、以前は、「正社員募集、35歳未満歓迎」といった求人広告が新聞に頻繁に掲載されていました。職種による違いはあるかとは思いますが、正社員になるには、34歳まで、ということを示しているわけであり、35歳を超えてしまうと正社員として働くことが厳しくなるとも読み取れます。つまり、34歳までは、正社員として会社に代表される特定の組織に属さずに職を転々としたり、世界中を放浪したりすることも可能である、ということでもあるわけです。

これらの例をもとにすると、35歳になって会社など特定の組織に属するということは、自分は、この仕事を通して自分自身を社会に位置付ける、ということでもあります。これは、決断をするということであり、自分自身を社会の中に定位するということです。このように、青年期の終わりとは、自分の意志で決めたり、明確に自分を社会の中に位置付けたりすることがひとつの指標となります。そして、エリクソン（Erikson, E. H.）は、このようなことをアイデンティティを確立するひとつの要素として考えたわけです。

## 3　アイデンティティ

　一方で青年期は、突然"ぽん"と現れるのではありません。人間には、生まれてから死ぬまでのライフサイクルがあります。ライフサイクルを比較的明確に示したのが、エリクソン（Erikson, E. H.）というユダヤ系デンマーク人の精神分析家です。フロイト（Freud, S.）の娘であり、児童精神分析を確立させたアンナ・フロイト（Freud, A.）から指導を受けたエリクソンは、人間の生涯を「乳児期」「幼児期」「遊戯期」「学童期」「青年期」「前成人期」「成人期」「老年期」の8段階のライフサイクルで示しました（表1-1）。
　そして、各ステージには、その時期のモチーフとなる「心理‒社会的テーマ」が「対（versus）」で示される二項対立の形式で存在することを明らかにしました。つまり、エリクソンは、生まれてから死ぬまでの人間の発達ステージを割り出しながら、その時々の心理社会的テーマを明らかにしたわけです。青年期は、この8段階の図式の中でのちょうど5番目に当たります。また、ライフサイクルには、必ずその前の段階と次の段階というものが存在しています。そして、ある段階、ここで言うならば青年期は、隣接する学童期的な要素や、前成人期的な要素の影響を受けながら、今の青年期という時期が存在するということです。

表1-1　エリクソンによる漸成的発達図式(epigenetic chart)

| | | | | | | | | |
|---|---|---|---|---|---|---|---|---|
| Ⅷ | 老年期 | | | | | | | 統合<br>VS<br>絶望、嫌悪 |
| Ⅶ | 成人期 | | | | | | 世代性<br>VS<br>停滞 | |
| Ⅵ | 前成人期 | | | | | 親密<br>VS<br>孤立 | | |
| Ⅴ | 青年期 | | | | | 同一性<br>VS<br>同一性混乱 | | | |
| Ⅳ | 学童期 | | | | 勤勉性<br>VS<br>劣等感 | | | |
| Ⅲ | 遊戯期 | | | 自主性<br>VS<br>罪悪感 | | | | |
| Ⅱ | 幼児期 | | 自律性<br>VS<br>恥、疑惑 | | | | | |
| Ⅰ | 乳児期 | 基本的信頼<br>VS<br>基本的不信 | | | | | | |

　ところで、この青年期の心理社会的な発達テーマは、「同一性対同一性の混乱」です。アイデンティティとは、不可視なものであり構成概念です。従って、このアイデンティティの達成を可視的に捉えるために、アメリカの心理学者マーシャ（Marcia, J. E.）は、アイデンティティ・ステイタス面接法を開発しました（Marcia, 1966）。マーシャによれば、個人の中での「職業観」「宗教観」「政治観」の3領域をアイデンティティの重要な要素とし、その領域における「自己決定のための試行の機会（危機）」と「人生の重要な領域への積極的関与（コミット）」の2軸の程度をもとに、面接における個人の語りから具体的にアイデンティティを測定するというものです。その結果として、次の4つのアイデンティティ・ステイタスを示しています。それは(a)アイデンティティ達成地位、(b)モラトリアム地位、(c)早期完了（フォークロージャー）地位、(d)アイデンティティ拡散地位です（表1-2）。

## 表1-2　マーシャによるアイデンティティステイタス

(a) **アイデンティティ達成地位**：幼少期からの自分のあり方に対して、揺らぎが起こったり、確信がもてなくなったりした結果、幾つかの可能性を模索し、本気で悩み考えた（＝危機）。その結果、出た結論に対して一生懸命に取り組んでいる（＝コミット）状態です。つまり、「危機を体験し、積極的関与をしている」ということです。

(b) **モラトリアム地位**：現在、幾つかの選択肢を前にあれかこれかと迷っている（＝危機）、従って何に対して注力していいかまだはっきりしない（＝コミット）状態です。つまり「危機を現在進行形で体験、積極的関与は曖昧」ということです。

(c) **早期完了地位**：例えば歌舞伎役者や相撲取りの家系に生まれた子どもなどが代表例としてあげられます。つまり親の職業を継ぐことに対してさほど迷いも無く（＝危機）、その仕事に対して専心専念している（＝コミット）状態です。これは、「危機を体験したことは無く、積極的関与を現在している」ということです。

(d) **アイデンティティ拡散地位**：自分にはいろいろな可能性があり、何でもやろうと思えばできる（＝危機）と思い続けているが、実際は行動しない（＝コミット）状態です。つまり、「危機体験は明確で無く、積極的関与はしていない」ということです。

なお、マーシャが設定した3領域は、欧米文化をもとに設定されているため、日本での調査では「宗教観」に代わり「価値観」を設定しています（無藤, 1979）。

またアイデンティティの特徴として自分の中の一貫性、「私は私であり、他の誰とも違う存在である」と「過去も現在もそして未来も私は私である」という個としての連続性があげられます。つまり、アイデンティティとは、個人の一貫性と連続性をもとに、個人が社会の中で、安心感や自己への自信をもちながら、「私はわたしである」という感覚をもつ状態と定義することができます。そして、アイデンティティを達成している状態というのは、職業観や価値観、

政治観などで、模索を経験し、その結果見いだしたものに対してコミットしているということになります。

## 4　青年期の心理的特徴

　ライフサイクルの中で青年期を捉えると、乳児期、幼児期、学童期と身体的成熟や思考の発達が先行し、その2つが高いレベルで重なり合うとき、青年期の心理テーマが生み出されてくると考えることができます。たとえば、第二次性徴は近年では、平均すると11歳代で出現すると言われています。またピアジェ（Piaget. J.）が明らかにした思考の発達から見ると、12歳頃になるとA＝B、B＝C、だからA＝Cという三段論法のような論理的思考ができるようになります。こういう身体的、あるいは思考の発達という事柄をベースにしながら、青年期のテーマというものが生まれきます。つまり心というのは、ただ心だけがあるだけではなく、基盤となる身体や思考、そういう生物としての機能との関連があるということです。
　さて、青年期を捉えるキーワードとしては、「疾風怒濤」「モラトリアム」「役割実験」「アイデンティティの確立」といったものがあげられます。ここでは、エリクソンが用いた、モラトリアムと役割実験について触れておきます。モラトリアムとは、本来は経済用語でしたが、エリクソンは青年期の心理社会的意味を内包させて用いています。それは、青年期には、社会的な責任や義務を一時的に免除されるということです。エリクソンが言うには、この時期に義務を免除される、責任を免除されるということは、青年期は修行の時代だからだ、ということです。先ほどのアイデンティティ達成に必要な模索すること、そしてコミットして、ひとつのことを極める。これが青年期の大きなテーマだということを言っています。エリクソン自身も精神分析家になったのは偶然なところがあり、本来、彼は画家になりたくて10代後半頃から絵の修行をしていました。しかし、画家としてうまくいかず、その後、いろいろな出会いの中で、彼は精神分析家になっていくわけです。彼が精神分析家になってからも、絵の修行をした体験、つまり、対象をよく観察してデッサンする訓練をしたことが、

精神分析家としての活動の中で非常に役に立った、とも言っています。モラトリアムというのは、単に社会的な責任、義務といったものを免除されるだけではなくて、修行する時期だということなのです。

　それから、「役割実験」についてですが、単純に考えれば、例えば、アルバイト体験などがそうでしょう。接客の仕事をすることは、接客という役割を体験するわけです。また家庭教師のアルバイトでは、先生という役割をそこで体験します。このようなさまざまな役割を体験することで、自分ができること、できないことに気付いていくことになります。また、実際に体験するだけではなく、本を読んで、主人公に自分を重ねることでもそれはできます。つまり、自分がさまざまな役割を体験する中で、自分の特性に理解を深めていくことが役割実験ということです。

　役割実験をとおして、自分ができないこととか苦手なことに気が付くというのは、大事なことです。なぜなら、それを選択肢から外すこともできるからです。例えば、現在、職業には３万種の職種があるといわれています。しかし、大学を卒業するときに選べる仕事はひとつです。就職活動とは、３万種の仕事からひとつを選ぶための選択行動と言えるでしょう。そのときに、いろいろな体験をしていて、自分に向かないものがわかっていれば選択肢が減るわけです。だから、大学生のときにさまざまな体験をして、そこでやったことをいろいろ考えていくということは、職業を選ぶときに非常に大きな意味をもつことになります。いろいろ体験して、ひとつのことを決めるということは、他のことを諦めるということでもあります。アイデンティティを確立するということは、自分はこれでやっていくということを決めることですが、それは他のものを諦め、捨てるということでもあるわけです。

　それから青年期に通底している心理は、「自立と依存の葛藤」と言えます。「自立したい、自分で何でもやりたい」という気持ちと、「不安だな。誰かに助けてほしいな」という依存の気持ちです。この２つの気持ちのせめぎ合いが青年期を通して、見ることができるわけです。もちろん、青年期も中学生頃の青年期前期、高校生から大学１、２年生頃の青年期中期、そして大学３、４年生以降の青年期後期、と自立と依存のグラデーションは変化します。青年期前期は、

まだまだ依存的な要素が強く、自立的な要素が弱いといえます。しかし青年期中期や、後期になると、逆に依存的な要素が減って、自立的な要素が高くなってきます。このようなグラデーションをとりながらも、自立と依存の葛藤は、青年期を通じて見られる共通した心理的状態だといわれています。これは、青年期を素材にした歌の中にも見て取ることができます。例えば、尾崎豊の「卒業」、槇原敬之の「どんなときも」、そしてゆずの「嗚呼、青春の日々よ」をあげておきましょう。この3曲を聴き比べてみてください。それぞれの歌詞の中に青年期前期、青年期中期、青年期後期の心象風景が描かれています。どの歌詞に自分が一番共感できるか、ということも考えてみてください。

　ところで、アイデンティティの確立が最も見えやすい形で現れるのは、学生生活を終えて、どのような仕事に就くかという職業選択です。職業を選ぶということは、今に至るまでの生き方や学生生活全体と関連しています。例えば、職業選択に関して、アメリカの心理学者クランボルツ（Krumboltz, J. D.）は、計画的偶発性理論の中で「キャリアの80％は偶然から生まれる」ということを明らかにしました。偶然の出会い、それが自分自身のキャリアを決める契機になるということです。そのためには、偶然と出会う機会を作っていくことが必要になります。しかし、実際はどうかというと、最近の大学生は、［自宅－大学－バイト先］というトライアングルから出ない生活を送っている傾向が強いように見受けられます。このトライアングルの中だけで生活するということは、慣れた行動範囲なので無理する必要もないし、無駄がありません。安全でもあります。とても、効率的に安心できる生活が送れるわけです。一方で予想外のイベントや、人と出会うきっかけも非常に少なくなります。具体的なイメージをあげれば、知り合う人の数を考えてみれば良いでしょう。大学＝ゼミやサークルの友人、バイト＝同じシフトの友人、そして自宅では家族。トライアングルの中で出会う人はこのような範囲になります。ここに、ボランティア活動あるいは、一人旅という要素を加えてみると、知り合う人の数は、当然ですが増えていきます。知り合う人が増えるということは、その相手の体験やその人の世界に触れることですし、そこから受ける何かの刺激を得る機会が増えるということに他なりません。クランボルツは、偶然を作り出せる人の特徴的な要素

を抽出しています。それは、①好奇心［Curiosity］、②持続性［Persistence］、③柔軟性［Flexibility］、④楽観性［Optimism］、⑤冒険心［Risk Taking］の5つになります（表1-3）。

表1-3　偶然を作り出せる人の特徴的な要素

① 「好奇心」：常に新しい学習や出会いの機会を模索するため興味関心をもつこと
② 「持続性」：「失敗は別な方法を試す機会」と考え、努力を続けること
③ 「柔軟性」：「〜すべき」という考え方をやめ、柔軟に考え、行動すること
④ 「楽観性」：未体験のことでも必ず望ましい結果が得られると前向きに考えること
⑤ 「冒険心」：結果が見えなくても、まずは行動を起こすこと

　予期しない出来事や人と出会うためには、積極的に偶然を作り出す努力が必要だということです。そのためには、一見すると無駄に思えることも、"面白そうだな"という自分の感覚に従って、取り組んで見ることも偶然を作り出すためには、大切なことなのです。
　また、実際に家族や中学や高校時代に習った教師に、「20歳頃に、今の仕事に就こうと思っていましたか？」と尋ねてみるといいでしょう。私自身もそうですが、おそらくまったくそのようなことを考えていなかった、という回答が返ってくると予想できます。さまざまな偶然の出会いとそれを選択するかどうかの決断という連続性の中に、今の仕事をしている自分というものがあるわけです。
　もし、自分に向いている仕事をしたい、やり甲斐のある仕事をしたい、あるいは、本当の自分を知りたい、自分探しをしたい、と考えている人がいるようでしたら、そのこと自体を問い直してみてください。向いている仕事や本当の自分がどこかに存在していて、手に入れることでそれが実現するということは、現実的にはあり得ないことです。通学途上で出会った出来事を調べたりしながら少し積極的に関わってみたり、サークル活動で本意ではないけれど、与えら

れた役割をやっていく中で、そのことの面白さや奥深さ、今まで気が付かなかった自分の能力などに気付くことになります。ですから、ぜひ学生時代というモラトリアムの時期に、いろいろな偶然と出会う機会をつくってみてください。その偶然の出会いの中から、何か自分のキャリア、狭い意味でいうと職業になりますけれども、広い意味でいえば生き方、どういうものに価値を置いて、どういう生き方をしていきたいか、そういうものを見つけ出すことができるのではないかと思います。

## 5　青年期から成人期へ

　さて、青年期の次のライフステージは、前成人期となります。ここでは、青年期の心理－社会的テーマがアイデンティティの確立であったのに対して、親密性を作り上げていくことがテーマとなります。つまり、青年期の中で「自分はこれだ」というものがはっきりしてくると、今度は一緒に生活を共にする、一緒に何かをやっていく仲間、あるいはパートナー、そういう親密さというものを作り出し、それに積極的に関わっていくということです。さらに、前成人期の次のステージ、成人期になると、原語ではジェネラティビティ（generativity）といいますが、生殖性とか世代性と訳される感覚、つまり自分の後に連なる後継世代を育てていくことが、心理－社会的なテーマになります。それは家族レベルでは自分の子どもであったり、社会レベルでは会社など組織では、部下や後輩であったりなど、自分への関心だけではなく、次の世代を育てるということを通して、自分の生き方を充実させていくということになります。

　大学生である皆さんは、まさにアイデンティティを確立する時期にいるわけですが、ライフサイクルの視点から次のステージを俯瞰すること、つまり大学生を終え、働くようになる、狭義の社会人になっていったときに、この親密性の感覚を、さらに40代頃になると世代性の感覚を、これらを身につけていくということが、青年から大人へ移行するための予行練習になっているということになります。

ライフサイクルにおける成人期への移行についてはレビンソン(Levinson, D. L.)というアメリカの心理学者が1970年代にインタビュー調査をもとにして明らかにしました（図1-1）。

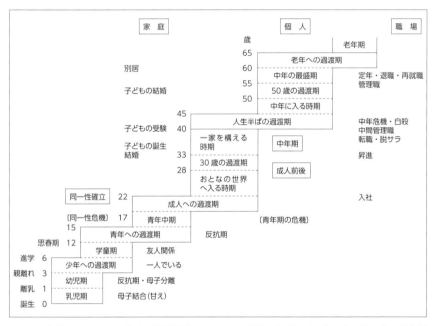

出典：Levinson, D. L. 1978 The season of Man's life, Ballantine Books を改編
図1-1　レビンソンによる生活構造論的発達図式

レビンソンは、エリクソンのあとを受けて、ライフサイクルを視野に入れて成人期の発達を研究し、「生活構造論的発達論」を示した心理学者です。このレビンソンの研究のユニークな点は、個人の生活構造に着目して、そこには、「安定期」と「移行期」の2つのフェーズがあるということを考えているところです。たとえば17歳から22歳は、成人前期移行期となります。この成人前期移行期は、17歳以前の、つまり思春期的な気持ちをもちながらも、大人の社会に入っていくトレーニングを意味します。これが成人前期への移行期なのです。

そのトレーニングとは何でしょうか。ひとつは、集団でいるときに自分はどう振る舞い、どのような言葉遣いをすればいいのか、ということを周囲にいる先輩など年長者を見ながら身に付けていくことなのです。

　例えば、お酒を飲むことを取り上げて考えてみましょう。未成年の飲酒は、法的に禁止されています。未成年は、飲酒をしてはいけませんし、未成年にお酒を勧めてもいけません。一方で大学を卒業し、社会人になると、お酒の席に出る場面は不可欠になります。そういうときに、どういうお酒の飲み方をすればスマートなのか、どういうお酒の飲み方をすると自分も同席している人たちも楽しくなるのか、社会人の先輩たちから学ぶことは大切です。ゲーム感覚でばんばん飲む。それは決してきれいな、スマートなお酒の飲み方でありません。かつて、ある名誉教授から、「酒を呑んで帰宅したときこそ、玄関の靴を揃えることが大事だ」と聞かされました。これは、酒席ではお酒にのまれず、節度を失わないようにすることが大事なのだ、ということのたとえでしょう。このような大人社会のマナーなどを覚えていく、学習していくということも成人への移行期のひとつの学びなのです。

　さて、レビンソンの研究では、22歳で成人期に入ったあと40歳までの期間は「安定期」であり、腰を据えて没頭する時期としています。これは22歳以降に仕事に就き始めてから次第に、大人の世界に入っていきます。その過程で徐々に大人世界の行動規範、ルールを身につけ、それに順応し、行動していくことで獲得されるわけです。具体的には、自分が参入した集団、就職した会社などの組織のルールや仕事の仕方に従って行動するということであり、自分の好きとか嫌いとかにかかわらず、与えられた仕事や役割に対してきちんとやらなければいけない、ということです。こういったことを身に付け、与えられた役割を適切にこなしているうちに、会社や組織の中でそれなりのポジションにつく、あるいは自分の専門的な部分や、自分はこれだったらできそうだなというものが見つかってくることになります。また、家庭生活で言うならば、パートナーを見つけ、住む場所も決めて、そこで生活をする、など文字通り、地に足をつけて生活するということが、この成人期の時期になります。このレビンソンの考え方からみると、ちょうどこの青年期というのが、成人になるため

トレーニングの期間であるとも言うことができます。

## 6　ライフサイクルを念頭において青年期を生きる

　大学生の時間は4年間と限りがあります。その時間を過ぎれば、社会の中に自分自身を定位させていかなくてはなりません。この4年間をどのように活用するかは、自分自身のキャリア、生涯を見渡した生き方にも影響が出てくることでしょう。クランボルツの計画的偶発性理論のところで説明したように、まずは大学内で出会える偶然の機会を探索してみると、多くの機会があることに気付くでしょう。例えば、学生部や学生相談所などが主催するキャンプや講演会、ワークショップは学生と教職員が一緒になって交流する機会です。またボランティアセンターでは、さまざまなボランティア募集情報にアクセスすることができます。

　またエリクソンが青年期に重要であると示している、孤独になる体験を実現するために、一人旅をしてみることもいいでしょう。自分で旅の計画をたて、予算の範囲内で電車や飛行機のチケットや宿泊先の手配をする。旅行中に遭遇する想定外の出来事に対して、可能な限り自分で考え、判断し、対処対応する。旅の中で出会う人と交流する。このような体験を通して、自分自身を見つめることができ、自分の潜在的な力に気付くことが可能となります。そしてこれらのさまざまな大学生時代だからできることを体験することによって、青年期の心理社会的テーマであるアイデンティティは形成されていきます。

■ **参考文献** ■

①宮下一博監修　2009『ようこそ！青年心理学』ナカニシヤ出版
②エリクソン, E. H.　村瀬孝雄・近藤邦夫訳　2001『ライフサイクル、その完結　増補版』みすず書房
③レビンソン, D. L.　南博訳　1992『ライフサイクルの心理学　上下』講談社学術文庫
④岡本祐子　2007『アイデンティティ生涯発達論の展開』ミネルヴァ書房

**考えてみよう**

・自分自身の生い立ちを振り返り、「自分史：青年編」を作成してみましょう。また40歳頃になったとき、「自分史：成人前期編」、定年退職の時期に「自分史：成人後期編」そして80歳頃に今までのものを含めて「自分史：集大成編」を編んでみましょう。
・授業外でさまざまな課外体験プログラムやボランティアプログラムに参加できる機会が大学にはあります。どの部署で、どのようなプログラムを実施しているか、調べたり、案内のチラシを手にしたりしてみましょう。

# 第2章

# カルトや自己啓発セミナーと その危険

西田公昭

　大学1年生の4月頃の気持ちを覚えているでしょうか。少し想い出してください。やっと受験も終わり、希望する大学に入学できた。しかし卒業した高校出身の同級生はいない。大学生活で、友人はできるだろうか。一緒にお昼を食べてくれる人はいるだろうか……。皆さんも経験しているように、大学は高校までと異なり、ホームルームがありません。自分のクラスに行けば、誰かしら話し相手がいた高校時代が良かった……そう思った人も少なくないでしょう。

　大学で友人ができるまでの間は、新人を勧誘して組織を大きくしたいと考えている集団にとっては、大きなチャンスなのです。大学公認のサークルや運動部などは問題ないでしょう。しかし、カルト集団と称される宗教活動を行なう集団や、就職に有利だからなどと言葉巧みに誘う自己啓発セミナーなどは、今まで作り上げてきた人間関係を壊し、またあなたの人生をも収奪される危険性があります。

　この章では、カルトや自己啓発セミナーについてその原理や実際を学び、大学生活の中で、カルト集団などに巻き込まれない態度を身に付けましょう。

## 1　はじめに

「カルト問題」という言葉を聞いたことがない人は、たぶんいないと思います。でも、皆さん自分には関係のないことだと思っているのではありませんか。最近までマインド・コントロールという言葉を聞いたことがなかった人はいるかもしれません。オウム真理教の事件が起こったのは1995年。この事件しか知らない方は、その後こういう問題は起きていないと感じているかもしれません。しかし、2012年にある芸能人がマインド・コントロールされていた事件が話題になりました。これで「マインド・コントロール」という言葉が再び知れ渡ったと思います。私も何度かテレビに出演し、「マインド・コントロールは、大規模な人数を必要とせず、支配する側と支配される側のひとり対ひとりの関係でもあり得る」ことなどを解説しましたが、なかなか現実を理解してもらえない印象がありました。確かに、支配する側の人たちがどのように勧誘し、支配されてしまう人たちが彼らの言うとおりマインド・コントロールされてしまうのかを正確に理解することは難しいことです。ここでは、「カルト集団は私たちのすぐ隣にいる」という事実をもとに、カルト集団や自己啓発セミナーによってマインド・コントロールされないための基本的な点を説明します。このような団体に入ってしまうと、皆さんの希望に満ちた人生が狂ってしまう。その理解を深めてもらいたいと思います。

## 2　カルト集団と危険の概要

もしカルト集団に入ってしまうと何が起こるかを説明します。

第一に自分と周囲の人間関係が悪くなることがあります。メンバーになると、「友達を誘え」と言われ、友人をはじめ親やきょうだいを勧誘し始めます。すると、「おまえはおかしいよ」「いや、私の言っているのが正しい。あなたたちは知らないんだから勉強して」となり、確実にトラブルが発生します。ただし、カルトに入っている人は友人や家族をいきなり誘ったりはしません。すでに温

かくて優しい人間関係ができている人を誘います。また、友達がちょっとした悩みを抱えているタイミングを待ってぐっと近づき、「一緒に話を聞かないか？」と巧妙に誘い出します。この段階ではカルト団体に入っていることは隠しています。ですから、今あなたの隣にいる人が既にメンバーかもしれないのです。今はカルトとは無関係を装っています。しかし、悩み事を打ち明け始めたときに急変します。友達を疑えといっているようで、嫌な感じがするかもしれません。しかし、それぐらい身近に危険が迫っていることを理解してください。

それから、不適切な価格の売買によって後戻りが困難になることがあります。団体によっては、資金稼ぎのためにやっている商品の売買を手伝わされたり、寄付金を集めさせられたりする場合があります。結果として自分の出費もかさんでしまい、今さら元に戻れない感覚になる場合があります。

さらには、組織的な工作や隠蔽によって、目的や活動内容を偽ることがあります。「世の中を、争いや格差のあるこの世を、天国のように素晴らしい世界にしたい」など、カルトは基本的にとても素敵なことを言います。勧誘する側に回れば、「偽ってなんかいない、本当のことだ」と言うかもしれませんが、カルト団体は二重の構造をもっています。フロントに立って勧誘している人が知らないだけで、その裏には別の構造があり、会員を搾取するとか、支配するとか、依存させるとか、虐待するとか、そのようなひどいことが起こっています。

つながりがもっと強くなりますと、大学や職場を辞めてしまいます。カルトは「大学には価値はない」と教えます。一度大学を辞めてしまったら、当然ながら戻ろうと思っても簡単ではありません。それでカルト団体の活動に専念する事態も起こっています。それから、家族や友人との間で意見の対立が起こり、疎遠になったり、関係を切ったりしていきます。カルト団体に関わって数ヵ月の間に自分の周りはそのメンバーばかりになり、それ以前の人間関係はほぼなくなってしまいます。周囲からも「おまえとはもはや付き合えない」と言われて相手にされない状態になります。

また、多額の支出によって破産同様になることがあります。全財産を寄付す

る場合もあります。学費や生活費のための親の仕送り、自分のアルバイト代などすべての収入をカルト団体へつぎ込んでしまうことも実際に起きています。

　それから、カルト団体への過剰な奉仕で身体的、精神的な疲労や異常をきたすことがあります。つまり身体的ないし心理的な虐待を受けるのです。体がぼろぼろになり、心を病んでしまう場合もあります。本当に怖いことですが、違法な行為も行ないます。うそをついたり人の金品を奪ったりすることから始まり、上からの命令さえあれば「傷害事件や殺人さえも実行する」となり、所属する団体の理想達成のためにはサリンを撒いて無差別殺人さえ起こしたのです。

　そして最後には自分の命を捧げ、揃って「集団自殺をする」こともあります。死ぬのはいやだと言う人がいれば、「それはその人のためにならないのだ」と信じて殺すことも起こります。

## 3　破壊的カルト集団

　カルトは、「破壊的なカルト」（destructive cult）というのが正式な用語です。アメリカではカルトと呼んでいますが、ヨーロッパでは、セクト（sect）といいます。いずれにしても、この「破壊的な」という語が省略されて使われることが多いのです。

　本来カルトとは、強固な信念を共有して熱狂的に実践する集団のことを言います。具体的には、比較的に小規模な集団活動を行なう団体です。その中で、金銭搾取や虐待的な行動といったメンバーへの人権侵害、テロや殺人などの社会秩序を崩壊させる活動をする団体に対して「破壊的なカルト」という表現をします。それがここ20年ぐらいの間に、「破壊的な」という言葉が省略されて危険な団体を指す言葉として使われています。ここで用いる「カルト」も破壊的なカルトのことを指す、と理解してください。

　カルトは、宗教や政治、教育、企業などさまざまな表の顔をもっています。カルト＝宗教と捉えられがちですが、カルト団体は決して宗教だけではありません。

カルト団体の構図には、強力なカリスマ的リーダーの存在が多くあります。どんなに厳しいことやひどいことを言われても、リーダーには絶対に服従しなければなりません。リーダーに完全服従させることで集団を運営管理する、つまり、組織管理のためにマインド・コントロールを行なう場合が多いのです。マインド・コントロールという言葉は、誤解や勘違いをされている場合があります。マインド・コントロールのやり口には、非常に強力なものから弱いものまであります。広義に捉えて弱いマインド・コントロールという言葉を使い始めると、それはどこにでも使われていると言えるのかもしれませんが、そういう問題ではないのです。カルト団体が駆使するマインド・コントロールは、ぞっとするぐらい強烈で、われわれの社会の中で経験されているものとは質量ともにまったく違います。もう一つは、目的が違います。人権を蹂躙し、侵害するために用いるのと、そうでない容認できる目的で用いるのを一緒にはできません。宗教団体や政治団体の場合、操作しようとする信念は、生きるための考え方だったり、神様の存在だったり、政党の支持などです。それらは、「ランチに行くのにマインド・コントロールされたよ」と友人に誘導されてイタリアンレストランへ連れて行かれた、というような笑顔で話せるレベルとは質的に異なります。カルト団体のマインド・コントロールは、生き死にの問題にさえ関わります。

　私の最近の研究では、カルト団体はメンバーに対して、①全体主義的なアイデンティティーを植え付けます。これは、「メンバーが逸脱した行動をとると、集団全員が厳しく反省を求める雰囲気がある」「その集団では与えられた課題が達成できないと、すぐに厳しく罰を受ける」「標的の人物が入会や脱会の意思決定をする際に、集団の多数がその人物を取り囲んでくる」などの方法を駆使します。そして、②リーダーへの絶対服従を植え付けます。具体的には、「メンバーが従事しなければならない重要な活動において、リーダーは詳細を何も明かさない」「管理者の指示には、絶対に従わなくてはならない」というものです。さらに、③内外からの批判を完全に封鎖し、一切自由にものを言わせない状態を作ります。例えば「メンバーはその集団以外には、どのような集団にも所属することが禁じられている」「その集団には、地域や教育現場において

集団活動を制限する規則がある」などです。そして、④私生活の剝奪です。つまり、「メンバーの結婚や離婚はリーダーの意思によって決定される」「その集団では慢性的な栄養不良や睡眠不足などの強いストレスで、意識がおかしくなることがある」など、プライベートな生活の権利を認めません。

　この①から④の構造をもった組織や団体に「その団体に入りたいです」と手を挙げる人がいるでしょうか？　私の調査でも、誰一人入りたいと思わない、という結果が出ました。しかし、メンバーになった人はこういう団体に入りたいと思ったわけではないけれど、実際には「自分と社会の願いや世界があるべき姿を実現するために我慢しなければいけない」と信じて、このような団体でも所属してしまっています。この矛盾を解くのがマインド・コントロールです。

　カルト集団の怖い点のひとつは、メンバー自身にはカルトに入っている自覚のないことです。無力感、疲労感、切迫感、恐怖感、優越感、カルト信者にはこういった心理が形成されます。もし皆さんの中に、「私は今こういう心理状態に置かれている」と思う人がいたら、入っている団体を見直したほうがいいでしょう。あるいは、友達が「最近こんな感じになっている」と思うならば、その人はもしかしたら危険なところにいるのかもしれません。今なら間に合うかもしれないので、早く手を打つ必要があります。

　ジンバルドーという有名なアメリカの社会心理学者がいます。この人の言葉が非常に印象的です。「カルト集団に入る人なんかいない。気づくとそこがカルト集団だったのだ」。ですから、「カルト団体に気をつけよう」という警告ではあまり役に立たないのです。皆さんは今、何かのグループに勧誘を受けているかもしれません。しかし、そのグループがカルト団体かどうかは簡単にはわかりません。勧誘する人は100％善意なのです。嘘も、「あなたを幸せにするための嘘だから。悪いかなとは思うけど、嘘をついてあげないとあなたは話を聞かないでしょ」と正当化して近づいてきます。カルト団体に、勧誘してくる人は真に誠実にみえることを知っている必要があります。

　つまり自ら「カルト」に入ろうと思って、入る人はいないのです。では、なぜカルトに入ってしまうのか。それはカルト団体だと思わないから入るのです。カルトと知らずにカルト団体に近づき、「素晴らしい活動をしているグループ

に出会った。そこにはとてもすばらしいものがありそうだ」、そんな興味から誘導されていくのです。多くの場合、その誘導の仕組みには、マインド・コントロールが使われています。

## 4　マインド・コントロール

　マインド・コントロールの基本的な手法について説明します。まず、マインド・コントロールは、勧誘するとき、またメンバーを維持・管理するときに用います。

　まず、勧誘のステップを示します。合格発表や入学式で声をかけて来るかもしれません。新入生歓迎と称して満面の笑みを浮かべ「おめでとう」と近づいてくる上級生は多数います。もしかしたらその中にカルト団体の人がいたかもしれません。それから、スポーツ系、音楽系、文化系とあらゆるジャンルのサークルや部活動を装い、新入生勧誘に紛れている場合もあります。場所は、キャンパス内の食堂、空き教室、ベンチなどが使われます。通学路でキャッチしたり、下宿を訪問する場合もあります。友人や家族から紹介されるパターンもあります。

　これに加え最近では、mixiやTwitterやFacebookなどSNSの活用があります。Facebookに、突然知らない人から「いいね！」が入ったりすることはありませんか。誰だろうとチェックしてみると、知らない人です。その人が何度も「いいね！」「いいね！」としているうちに、「この人とは気が合いそうだから友達リクエストをしてみよう」とか、向こうからリクエストをしてきて、「まぁいいかな」と承認する。そうやって近づいてきます。

　架空ではありますが具体的な例を示します。

　　主人公は大学1年生の「マコト」です。地方の高校を出て、大学に入学したマコトは都内で一人暮らしを始めました。まだ友人もいないので、オリエンテーションのあと、学食で1人ランチをとります。そこに、同じ大学の上級生かと思われる女子学生2人が笑顔で近づいてきました。「こ

んにちは、1年生？」「学部はどこ？」と親しく声をかけ、「サークルとか決めた？」と普通のサークル活動の勧誘のようなことを訊いてきました。「僕、薬学部の新入生だけど、サークルはまだ……」とマコトが答えました。すると、「私たち『ニューライフ』っていうサークルで活動しているんだけど、一度来てみない？　駅前に大きなビルがあるでしょう。あそこの4階なんだけど、サロンになっていて、ビデオで映画を見たり、ちょっとまじめに人生について語り合いをするんだよ」と、女子学生たちは話します。「映画とか興味ある？　歴史とか世界情勢とかもすごく面白く学べるよ。いっぱい友達ができて、いろいろな話ができて楽しいし、みんなで山や海にハイキングに行ったりするんだよ。いい人ばかりだよ。どう？」と言い、さらにマコトに「あなたはどんなことを考えているの」と尋ねます。マコトが何か話すと、2人はとにかく褒めます。「すてきね。あなたは素晴らしいわ」「なんて意識が高いの！」と賛美のシャワーで褒めまくります。マコトは、「まあ、それなりに関心がありますけど」という感じになり、会話が成立していきます。そこで、1人の女子学生が、「あなたのことをもっと知りたいな」「携帯の番号を教えて」と、ちょっとかわいくマコトに言います。マコトは、「じゃあ、まぁ……」と伝え、マコトは翌日に「ニューライフ」の活動場所へ行くことを約束します。すると、その日のうちにメールが2人から前後して送られ、「きょうは楽しかった」「とてもいい出会いがあった」、そして「明日は絶対に来てね」「約束だよ」と念を押されます。マコトは翌日、約束を守って活動場所に行きました。マコトは2人から「よく来てくれた」と喜ばれ、しゃれたサロン風のオフィスへ連れて行かれました。そこはLL教室のブースのように1人ずつ勉強しているような雰囲気でした。2人が見守る中でマコトは、ここではいろいろな勉強や遊びができるという説明や、低額だけど入会金がいる、2泊のセミナーがあるという説明を受けました。マコトは、彼女たちの期待や「ぜひ仲間に入ろうよ」という誘いに好意を感じ、これから始まる学生生活のためになると思って入会を申し込みました。

マコトはこの段階では、「何だかよくわからないけれど楽しそうだな、嫌になったらやめればいいし、とりあえずサークルのひとつだから気楽に入ってみよう」という感じで入ってしまったわけです。ここでは正式な団体名称も、本当の活動の内容も隠されています。女子学生を装って来たのは、大学の先輩のように見せながら、実はそうでない場合も多いです。大学のキャンパスで勧誘しているからといって、そこの学生であるとは限りません。マコトの例は複数の事例をもとに構成しましたが、さまざまなバリエーションがありますので、これと同じではないから大丈夫とは思わないでください。

マインド・コントロールはこのような形でスタートします。カルト集団は普通のサークル活動のように見せている場合が多いですから、勧誘されたら最初に、団体の「正式名称」や「活動」をしっかりと確認する必要があります。その場でメンバーになってしまうことは最も危険です。いったんその場を離れて、インターネットなどを使って丁寧に調べることが大切です。勧誘者は親身な対応をし、誠実そうに振る舞い、確固たる信念の持ち主に見えます。これは全部マニュアルどおりの行動です。その人の本当の意思なのかは決してわかりません。

ではマインド・コントロールはどのように仕掛けられていくのでしょうか。仕掛ける側は人間の欲望や不満に対して敏感で、それを探り出すことが非常に上手です。探り出して、そこをぐっとわしづかみします。弱点をキャッチするわけです。

次の6ステップの流れが一般的なマインド・コントロールの手法です。まず、①「情報を完全に隠蔽して嘘をつき、断りにくい状況」を作ります。断りにくい状況とは、優しく、一生懸命に、誠実に対応し、その上で「必ず来てね」という約束をさせます。さらに、「最後のチャンスだよ」とか「今日しかないんだよ」と言われると、つい人はそれに耳を傾けたくなってしまいます。また、人は好感をもつ相手には弱いので、相手に「好きだ」とか「好意をもっている」と言われると、ついその人の話を聞いてしまうのです。このように、社会心理学的なテクニックをたくさん応用してきます。人間として温かな人間関係を築いて対話の基盤を作るのが最初のステップです。

次は、②「欲求の扇動と恐怖の管理」です。人間にはさまざまな欲求があります。勧誘者はターゲットの個人的な欲求の満たされていない部分をつかみます。そして、解決困難な不満部分をあおって混乱させます。例えば、あなたは大学に入りましたが、卒業後はどんな人生を歩みますか？　どこに就職し、何になりますか？　誰と結婚しますか？　答えられませんね。このような人生のわからない部分、未知ゆえに不安な部分を突いてきます。そして、「今この問題を考えないとあなたの人生はダメになる。だから、今、一緒に考えよう」と入会を勧めます。しかし、人生に関する問いに、簡単に答えが出るわけがありません。今それを考えること自体が無茶ですから相手にする必要はないのですが、真面目な人ほど引っかかりやすいのかもしれません。また、未知だった世界情勢の話をされ、「君は何も知らないんだね」などと言われ、「自分はわかっていないんだ」と衝撃を受ける人もいます。そして追い打ちをかけるように「今勉強しておかないと世界についていけない。今の日本はそんな人ばかりだからダメなんだ」というようなことを言われます。同時に、宗教団体であったとしても「これは宗教じゃない」とこの段階では言います。「宗教っぽいことも教えるよ。勉強するよ。でも、宗教じゃないですから」と。これは嘘です。いわゆる「自己啓発」や「教養」だと言うこともあります。とにかく、ターゲットは今、解決できない難しいテーマを示され、悩まされてしまいます。「このままでは自分がダメになる、家族や社会や世界といったものが立ちゆかないのだ」と、説得力のある話をされ、「もしかしたらそうかもしれない」「私はこのままではうまくいかないのかもしれない」「彼らの言うとおりだ」という気持ちにさせられてしまいます。

　皆さんは「私はそんな話には引っかからない」と言うかもしれません。しかし、大学受験の勉強は大変だったと思いますが、中学や高校時代の政治や社会の授業では、そのようなテーマに関して考えることはあまりできなかったでしょう。そこが勧誘者の餌食となるのです。「君は今、考えなきゃいけない。われわれがしっかり未来を考えないでどうする」と言われると、「その通りだな」と相手の話に巻き込まれていきます。

　そして、勧誘者たちは、それを③「一見鮮やかに解決してみせ」ます。「そ

ういったすべての悩みが、ぱっと解決するんだ」「あなたは知らない。でも今、われわれの考えどおりに行動すれば変われる。世の中も変えられる」と話をもってきます。この段階では「嘘だ」と思うかもしれません、「そんなばかな」と言うかもしれません。でもそれを、「もしかしたら本当かもしれない」「本当だったらいいな」「本当に違いない」と、いろいろな方法を使って個人のリアリティー感覚を作り変えていきます。基本的な方法としては、メディアの情報から都合のよいものを切り取って流す方法があります。世界の有名人の演説や理論や考え方を都合よく並べて紹介する方法もあります。またオウム真理教のように、「解脱(げだつ)」によって人間が変われると主張することもあります。それを実現するために、個人の変革から社会の変革、そして世界を変える、といった革命思想のようなものを教え込んでいきます。これらのことは、皆さんの人生ではあり得ないと思っているかもしれませんが、このリアリティーの操作に多くの人が乗っていきます。地下鉄サリン事件の犯人たちは名の通った大学や大学院の卒業生や現役生でした。彼らは、オウム真理教の教義に従い、その活動に邁進(まいしん)しさえすれば、自分自身が変わり、そこから世の中を変えられ、皆に幸せが訪れると確信をもっていったのです。

　確信をもたせるためのテクニックには、④「日常的に実践させる」という方法を使います。人は正しいと思うことをやり、間違っていることはやらない、あるいは、好きなことをし、嫌いなことはしない、というのが論理的な行動だと思っているかもしれません。しかし、心理学が実験で明らかにしているのはその逆です。やれば好きになりますし、やらないほど嫌いになります。彼らはそれを知っていて、「よくわからなくてもいい、まずはやってみましょう」と活動に参加させます。そのうちに、自分のやっていることを次第に正当化し始めます。やっていることが正しい、と人は信じていきます。そうして、思想、情報、行動をコントロールしていき、マインド・コントロールを完成させます。

　仕上げの段階では、⑤「経済的・社会的資源を放棄」させます。具体的には、退学する、会社を辞める、自分のお金をお布施する、家族や恋人など人間関係も捨てます。勧誘された側は、カルト集団のメンバーとしてのアイデンティティで人生を歩めばいいのだと舞い上がっています。カルト集団は、個人を今まで

サポートしてくれていた経済的・社会的資源を根こそぎ奪い、二度と戻れないように追い込みます。これには最短3ヵ月、一般的には約1年かけると言われています。

実はしかし、メンバーになってもマインド・コントロールは続きます。今度は、⑥「メンバーの従順さを維持・強化」するためです。具体的には、まず情報統制を行ないます。その人を囲い込み、入力されるはずの情報を完全に管理します。その上で、思想と感情と行動をコントロールして、心理的空間を全部抑えてしまいます。こうして統制すれば、支配者は意のままに人を操ることができます。これは理論的にも現実的にも可能です。

では、われわれはキャンパスの中で、どのような対策をとっていけばいいのでしょうか。大学がカルト系の団体に対して注意喚起をしますが、残念ながらあまり役に立ちません。怪しくないから入ってしまうのです。カルト団体に気をつけるという方法で身を守ることはできません。

私がお願いしたいのは、とにかくカルト勧誘やその被害に①「常に関心をもつ」ことです。人生の問題に簡単な解決はないことをよく理解してください。相手は優しく親切です。でも、見知らぬ人からの手軽な無償の愛などというものはないのです。それから、②「信頼できる第三者の意見に耳を傾ける」ことです。客観的、冷静な判断ができる人の意見を参考にして、自分だけで決めないということです。学生相談所や大学の教職員たちに相談することが大切です。それから、③「その場で判断するな、冷静になれ」です。組織の正式名称、代表、設立経緯といったものに注意し、相手はどういう人たちなのか、本当のところを確認するということです。どんなにいい人でも、プレッシャーがあっても、断るのです。これは簡単なようで簡単ではありません。例えば、お店で「返品したいんですけど」と言うのにも抵抗があったり、セールスの電話を「いりません」とすぐに切れなかったりする人が多数います。このような小さなプレッシャーにも耐えられない人が、優しくて親切でいろいろなことを教えてくれる相手に、対面の状況で「嫌です」とか「ちょっと待ってください」とは簡単には言えません。ですから、日ごろから断る練習しておくことが不可欠です。

それから、④「解答が見いだせない問題は保留にする」ことです。わからな

いこともいつかわかる日があると今は考えておこう、というのも正しい判断の仕方です。それから、勧誘者が言う「経験すればわかる」も非常に危険な常套句なので注意する必要があります。以上4点の心構えを日常的にもち合わせることが大切です。

もし勧誘されたとき、情報収集のツールとしてインターネットが便利です。その中に「日本脱カルト協会」という私が所属している団体のサイトもあります。また大学の学生部や学生相談所ではさまざまな情報を集めていますから、第三者の意見を聞くことを含めて相談したり、勧誘されたときの様子などを情報提供したりする姿勢も重要になります。

## 5　批判的思考のすすめ

最後に、勧誘者のコミュニケーションが、皆さんのどこを狙ってくるのかを知り、それに対する対抗策を考えておくことについて解説します。

相手のテクニックに乗らないために必要なことは、第1にはとにかく「甘い勧誘に警戒しろ」です。勧誘者の話には、どこか魅力的なところがあります。ですから、つい興味を抱いて個人情報を伝えたり、危険性を認知しなかったりする人がいます。また、「私はトリックを破れる、怪しい話かどうかわかるはずだ」と怪しさを見抜く自信のある人もいます。それは自己過信です。どのケースをみても、皆「あんな人だとは思わなかった」「トリックが全然わからなかった」というのが現実です。

第2は「非科学的な思考を自制する」ことです。一方的なメディア情報を鵜呑みにするとか、他者の成功体験談に飛びつく人は、まったく科学的ではありません。「私は科学的なものの見方をする」と言う人がいるかもしれませんが、それは間違いです。心理学から言うと、人間の意思決定過程では科学的判断は相当意識しないとできません。それは時間がかかり、面倒だからです。人間の意思決定は「省エネ」したがります。それから、超能力とか前世とか血液型といったオカルトや擬似科学の情報にも踊らされないようにしなくてはいけません。占いを好む傾向のある人は騙される危険が高いです。そういう心理を悪用

する騙す側のテクニックを見くびってはいけません。

　第3は、「ストレス状況に強くなる」ということです。誰でも冷静であれば批判的かつ科学的に考えやすいですが、ストレスにさらされ、不安定で感情が揺さぶられる状況下では、思考や判断は鈍り、パニック寸前になったり、一時の欲望に駆られたりします。さらに催眠状態では言いなりになってしまうのが、われわれの意思決定です。物事を冷静にきちんと判断するのは非常に難しいのです。

　第4は、「見かけのよさに惑わされない」です。勧誘者にはいわゆるイケメンやカワイイ子を用意します。そういう人だと、「この人の言うことなら信じたいや」と脇が甘くなってしまいがちです。

　第5は、「見栄を張ったり、よい顔をしたりするのを自制する」です。人は相手に嫌われないようにします。するとどうしても見栄を張ったり、相手にいい顔をしたりしてしまい、少しずつ高くなる相手の要求につい飲まれていってしまうのです。

　最後に第6として、「その場に一緒にいる他の人の判断も危ないと知れ」ということです。自分の判断が頼りないとき、人は周囲に判断を求めます。では周囲の判断が正しいかというと、カルト団体の場合、周囲の人々は自分より一歩先に騙された人たちです。そういう人たちをサクラに使って、「すばらしい！」と涙を流して感動して、異常に興奮した雰囲気を作り出します。このような状況では、自分だけがおかしいのか、という感覚をもってしまいがちですが、数的優位をとられたときには特に注意する必要があります。

## 6　おわりに

　カルト団体に囚われないためには、くれぐれも自己過信をしないようにすることです。どんな人も巧みに仕掛けられるマインド・コントロールにあらがえるほど強いものではありません。誰でも人生につまずき、心の隙間ができることがあります。そんなときこそ、優しく甘い言葉がかけられると、ぐっとカルトの手をつかんでしまう可能性があります。どうかくれぐれもそうした罠にか

第 2 章　カルトや自己啓発セミナーとその危険　35

からないよう注意して、充実した大学生活を送ってください。

■ **参考文献** ■

① 西田公昭　1995『マインド・コントロールとは何か』紀伊國屋書店
② 西田公昭　2009『だましの手口』PHP 新書
③ 日本脱カルト協会編　2014『カルトからの脱退と回復のための手引き〈改訂版〉』遠見書房
④ 日本脱カルト協会　http://www.jscpr.org/

---

考えてみよう

- 学食で「学生生活を楽しむために、一緒にサークル活動しよう」と親しく声をかけてきた同性の先輩に、連絡先を訊かれたとき、あなたはどうしますか？
- 語学クラスで一緒の友人がカルト集団の勧誘をしつこく受けて困っているようです。あなたは、友人にどうアドバイスしますか。
- 大学内で、カルトや自己啓発セミナーなど相談できる部署がどこにあるか知っていますか。場所も含めて調べてみましょう。

# 第3章

# インターネットに潜む危険

高石浩一

　毎日の生活の中でインターネットを直接、間接に使わないで過ごすことは、もはや考えられない状況になっています。携帯電話やスマートフォンを、自分の手の中で当たり前のように使っていますが、それは世界中につながるインターネット回線網のひとつの端末です。大学のキャンパスに居ながら、大英博物館の展示物、例えばロゼッタストーンを見て回り、レポートを書くことも可能です。自宅からネットショッピングで本や服など購入することもできます。生活が便利になったとも言えます。

　しかし、インターネットで訪れた大英博物館では、建物内の匂い、見学客の声などを体感することはできません。ロゼッタストーンを見て、解説を読むことで知ったつもりになる危険がそこにはあります。またネットショッピングなどは、セキュリティ対応がなされているとは言え、WEB上に個人情報を記入することが不可欠です。TwitterやFacebookなどSNSに書き込むことは、個人的なものであっても世界中に拡散する可能性があるメディアです。

　この章ではインターネットの便利さに潜む危険とその対応について学びましょう。

## 1　はじめに

　もう 10 年以上前ですが、『こころの科学』という雑誌でインターネットと臨床心理学の接点をテーマに希望にあふれた連載をしていたことがあります。ネットが一般に拡がりかけていた頃で、私も新しいことに興味をもっていろいろ勉強していました。パソコンのみならず携帯も普及して、ネットに接続できるようになっていました。特に大学では、ネットを導入して教育に生かしていこうと言われていた時代です。それから 10 年以上経った今、ネット環境は大きく変わりました。大学ではネットを通じて、良いことも悪いことも、いろいろな出来事が起こるようになっています。一般論として、皆さん気をつけましょうと言っても、自分の身に降りかかる可能性があることとして考えられないかもしれないので、ネットを通じてどういうことが起こっているかを最初に説明します。

## 2　身近な問題

　まず、ブログや掲示板に不用意に書き込みをした内容がもとになって、内定取り消し、不採用になるという例が出てきているそうです。企業の人事部が採用予定者のブログを覗いて合否の判断に使っているからです。検索だけでも個人情報がいろいろわかってしまいます。皆さん、自分の名前を検索にかけてみてください。驚くほどの情報が出てきませんか？　これまで自由に書いていたブロガーの中にも、「就職にそなえてブログを消す」と宣言する人もいます（もっとも 2015 年の最近では、Twitter や LINE の隆盛に伴って、個人のブログなどを書き込む人は珍しくなっています）。

　就職活動支援会社の村山雄二氏は「リスクが考えられるようなカキコミは気をつけたほうがいい」と警鐘を鳴らしています（章末資料①参照）。皆さんは今のところ、恐らく自分のブログや Facebook に、素朴にプロフィールなどを書き込んでいると思います。匿名だと安心して、Twitter などに書き込みをし

ている人もいるかもしれません。基本的に就活掲示板サイトは見られています。会社の人事部は、出された書類以外のところを見てはいけないのが基本的な倫理です。けれども、Google 検索に本名を打ち込めば個人情報が得られる時代です。採用の際に受験生の Facebook や Twitter の書き込みを確認して、合否の参考にしても何の不思議もありません。特に危険なことは就活について書くケースです。企業の人事担当者がよく見ているとされるのが『就職活動日記』のような就職活動掲示板サイトです。会社についての質問や、試験のアドバイス、内定が出たなどの報告などが並んでいますが、一方で例えば、「面接はイマイチでした。ギャル上がりのような方で（笑）」「私も最終を受けて内定もらいました。入社は迷い中」というような書き込みを見たことがあるかもしれません。さあ、これを企業の人事部の人が見たらどう感じると思いますか。こんな書き込みをする人を採用すると思いますか。

　内容次第では、匿名であっても誰が書いたか、ある程度特定できます。会社側から「内定を出すから他社は断るように」と言われたにもかかわらず、断わっていないことがわかってしまう場合もあります。特に、インターンシップや面接で知った会社の秘密情報をブログに書き込んだりすると、相当まずいことになります。会社の情報をむやみに公表することは、ビジネスの世界ではありえません。そんな求職者は社会人として疑問をもたれ、それを理由に内定取り消しになっても反論は難しいでしょう。これはアルバイトの職場でも同様です。皆さんが今実際にやっていることが、そのまま数年後の就職活動で響いてくるということ、これが、まず一番に考えてほしいことです。

　ブログを巡る事件もありました。L 社に内定した大学生が車を運転中、危ない目にあい、「罵声かまして土下座させた。車のボデイを蹴り飛ばしてぶっ壊して終了！！！」などと自慢げに書いたブログがありました。こんなことが検索でわかったら、こんな人を採るんですかという話になります。また、S 社の内定者が飲み会を開いて盛り上がり、「他人の玄関の呼び出しベルを鳴らして逃げていく『ピンポンズ』という会を結成した」とブログに書いた人がいました。要するに、ピンポンダッシュです。

　こういういたずらを身内でやっている分にはシャレで済むかもしれません

が、ブログを読んだ人から「こんな学生は採用するな！」という抗議が会社に殺到したそうです。学生が大学名を挙げて、「私は〇〇大学の学生だけど、こんなこと、やっちゃいました、へへへ」ということを書いたら、「おたくの学生さん、こんなことを書いていますけど、本当ですか」と真っ先に大学の広報課あたりに電話がかかってきます。大学でいろいろな事件が起こると、必ず電話をかけてくる「電凸」(「電話突撃」の略称です）という専門家もいます。

## 3　就職活動

　就職活動について、もう少し一般的に説明しましょう。アメリカの求人サイトが、人事担当者のSNS利用状況に関する調査を発表しています。人事担当者の22％がSNSを使って就職希望者の情報を集め、そのうち34％の採用担当者は、応募者が掲載しているコンテンツが原因で不採用にしたことがあると言っているそうです（章末資料②参照）。SNSが就職活動にダイレクトに影響している、ということです。3人に1人の人事担当者が、この人は大丈夫かどうかを確認するためにブログやTwitterを検索し、実名登録のFacebookなどを見るのです。

　では、どういうことを書いてはいけないのか。あるサイトに掲げてあった不採用の理由ワースト9は次の通りです（章末資料③参照）。

①　飲酒やドラッグ服用に関する情報…「やっちゃった」というようなこと書いても、若い頃の過ちで許されると思っているかもしれませんが、そういう情報は全部過去ログに入り、データとして残ってしまいます。

②　挑発的、または不適切な画像情報…もうそれだけで一発アウトです。

③　コミュニケーション能力の低さ…ブログに、「人としゃべるのが苦手」「人前に出ると臆してしまう」「友達と仲よくできない」「いらいらするので人の中に入るのは嫌だ」というような書き込みすれば、それを人事担当者は見ているということです。

④　前職の会社や同僚についての悪口…これは、社会人が絶対に知っておきたいことのひとつでもあります。これから皆さん、就職しますね。その後、

転職することもあるかもしれません。最近、転職は当たり前のことになっているので申し上げておきますが、転職の面接ではたいてい、「前の職場を辞めた（今の職場を辞めたい）理由は？」という質問をされます。そのときに、「（前の会社の）上司が悪かったから」「どこそこが気に入らなかったから」ということを理由にしたら、次の会社は決して採ってくれません。今後、同じことを自分の会社についても言うかもしれないからです。それが社会人の常識です。きちんと覚えておいてください。

⑤　資格詐称…これは問題外ですね。ほとんど犯罪です。
⑥　人種差別や性差別の発言…アメリカでは特にこの件に関してナイーブです。差別問題とか人権問題に関してのコメントが入っているだけで、もう次の職場には行けません。「そういうことを言う人」というレッテルを貼られたら、基本的には就職できなくなってしまいます。
⑦　使っているハンドルネームがNG
⑧　犯罪行為に関係している
⑨　前職の秘密を漏らしている…前述の通りです。

最近はFacebookによる就職活動が当たり前になってきています。それに向けて就職活動の支援企業が、就職活動用のサイトを立ち上げて健全なプロフィールを作ることをレクチャーしているそうです。まず、「写真は笑顔の証明写真にしましょう」。よくペットとか口を隠した顔写真とかにしている人がいますが、就職活動用プロフィールは笑顔の証明写真にしましょう、というのです。「友達は50人以上いるようにしましょう」。つまり友達申請があった場合には、できるだけ承認して、友達が50人以上いるようにする。それから、「週2回以上、前向きな書き込みをしましょう」。「私は暗い」とか「落ち込んだ」というようなことばかり書かず、1週間に2回ぐらいは「就活、頑張るぞ」「社会人になって新しい生活に向かうんだ」というような前向きのことを書きましょう、ということのようです。

人事の方もこっそりと学生のブログを見たり、Twitterの書き込みを読んだりしているかもしれないし、学生の方もそれを逆手にとって利用していけばよい、とも言えますが、ここで考えるべきなのは、ブログにしろ、Twitterにしろ、

Facebookにしろ、ネットに書き込むというのはどういうことか自覚する、ということです。誰でも見ることができる情報になるのです。そして今は検索が非常に進んでいますから、自分の名前を多少変えても、誰が書いた書き込みかわかってしまいます。今はもう、ネットは何でも自由にものが言える匿名の世界ではありません。ネットの世界は、基本的によそいきの顔をしなければならない大人の世界だと思ってください。ここが一番のポイントです。

## 4 ネットに関する事件

　これまでにさまざまな事件が起こっているので記事を紹介します。「未成年の大学生がSNSで飲酒運転を告白」。書き込みがネット上で騒ぎになった事件です。また、大学生が一般人を撮影した動画に差別的なタイトルをつけてYouTubeに投稿し、ネット上で騒ぎになった事件もあります。大学は撮影と公開に関与した学生を退学処分にし、間接的に関係した人物も処分されました。これが社会的な責任をとるということです。いかに自分たちが危うい土台の上に立っているかをわかってもらえればと思います。「学生の不祥事を大学が謝罪。下半身を露出した写真をTwitterに投稿」。こういう記事がマスコミに掲載されると、先に述べたように電凸という「善意の一般人」を名乗る専門の人たちが大学に電話をかけてきたりします。「大学では一体どんな教育をしているんですか」と、学生課や広報課に、電話がガンガンかかってくるのです。
　こういうことを、皆さんはシャレだと思ってやってしまうかもしれません。しかし、ネットに上げた時点でそれはシャレでは済まなくなるのです。表の世界にニュースで報道されるのと同じぐらいの重みが生じるのです。「若いときは間違いをするし、愚かなこともするものだ」と、オバマ大統領は2011年にバージニア州の高校生に向けて語りました。「Facebookに書く内容には注意しよう。YouTubeの時代には、何か行動したことによって、後の人生で足を引っ張られることがあり得るからだ」。アメリカでは大統領ですら、こういった注意喚起を高校生に対して行っているのです。若いころは間違いもするし愚かなこともします。それをYouTubeにアップする、Facebookに載せる、その途端に、

後のあなたの就職はふいになるかもしれないのです。ひょっとすると人生すら、棒に振ることになるかもしれません。ネットに潜む危険は遠くにあるものではありません。皆さんのすぐ傍らにあるのです。

## 5　大学で起こりがちな問題

　事件ばかりでなく、日常的に起こりやすい出来事もあります。
　掲示板に大学の名前のスレッドが立ち上がることはよくあります。そこに学生たちが「〇〇先生の授業は面白くないね」「この授業は楽勝だ」などいろいろ書き込みます。そのうちに、「あの人、ちょっとキモイ」「〇〇学部の〇年の〇×△□、ウザい」さらに、「あいつ殴ってやる」というようなことがネット上に書かれようになり、それに対して他の学生があれこれ書き、どんどん話が煮詰まり、書かれた本人が怖くなる、という出来事がありました。皆さんも「正門の前であいつを待ち受けてボコボコに殴ってやる」と書かれたら、当然怖くなりますね。そこで書かれた本人は警察に相談しました。警察はサイバー犯罪の対応窓口ももってはいますが、事件が起こっていないので、「大学の中での話なので、大学の方で何とかしてください」と戻されました。そこで、その学生は学生課に「実はこういうことが起こっているんだけど、どうしたらいいだろう」と相談しました。大学はその掲示板に対して削除依頼を含めた対応を申し込んで、個人名がようやく消されました。書いたほうの学生は、大学のサーバーを使ったものですから、サーバー経由で誰かわかってしまいました。結局、大学職員立ち会いのもとで、被害者と加害者の両方が話し合い、謝罪をして解決しました。それでも、そのような目に遭った学生の心には傷が残りました。
　日常的にこういうことが起こり得るのが大学です。そして、ネット世界での出来事は、警察に相談しても事件化しない限り、対応してもらうことはなかなか困難です。できるだけ大学に相談して、中立的な職員の立ち会いのもとで問題を解決するようにしてください。自分で何とかしようとするのは絶対にやめてください。理由は次の例で説明します。
　これも起こりやすいストーカーの話です。サークルへの勧誘ビラにメールア

ドレスを掲載しました。皆さんもサークルとかクラブのビラを作るときに、「ここに連絡してください」と、最近はさすがに携帯電話番号を書く人はいないでしょうが、メールアドレスぐらいだったら大丈夫と思って書く人がいますね。勧誘ビラに個人のメールアドレスを書いたわけです。すると、同級生を名乗る人から「あなたのサークルに興味があるんですが、今度行ってもいいですか」とアクセスがあり、「じゃあ、直接教えてあげるから、会いましょう」と応答しました。すると、「サークルにも興味あるけど、あなたにも興味があるんです」とメールがきて、「この間あなたを見かけて素敵な人だなと思いました」という告白から、「私はあなたことをいつでも見ています」というふうに内容が変わっていきました。

　この時点では、大学に言うほどの話でもないと思ったのでしょう。学生同士で解決しようと、「ストーキングをやめろ」と相手の学生に申し渡したのでした。ところが、「本当は私のことが好きなんでしょう」「実は私のメールを待っているんじゃないですか」と内容が激化してしまいました。本人はだんだん怖くなって、本来は着信拒否をすべきでしたが、証拠を残そうと思い、そのまま全部保管しました。すると「着信拒否をしないということは、私のことを受け入れてくれたんじゃないか」と錯覚されてしまったのです。ここで微妙な意識のズレが起こります。初期の段階ではサークルに入りたいという人が相手ですから、当然、丁寧に返答をしますね。それを相手が誤解して受け取ったわけです。こうした場合、本人は自分のほうにも落ち度があるような気がしてしまい、自分で解決しようと思うことが多いのです。しかしながら、こうした問題は二者関係の中で解決するのは不可能です。必ずおかしなことになっていきます。ここでようやく、学生は学生課に相談に行きました。

　その後は教職員が立ち会い、相手に「今後は絶対にやめなさい」と通告しました。また、大学が保護者を呼び、「お子さんがこういうことをやっています。もう絶対にメールさせないでください」と伝えました。こうしたストーキング事件は、警察沙汰になる可能性もあります（2013年から執拗なメールもストーカー行為とみなされ、刑事罰の対象になりました）。このようなことは日常的に皆さんの生活の中で起こりうる話です。

## 6　インターネット依存

　私がインターネットについて調べ始めたのは、インターネット依存や引きこもりの人たちをどうバックアップしていくか、ということがきっかけでした。
　毎日、開室から閉室までずっとコンピュータールームに閉じこもりきりの学生がいると職員から相談がありました。その学生は毎日通い詰めで、お昼も用意してきたものを廊下で食べ、トイレ以外ほとんど一歩も外に出ないでずっとパソコンの前に座っている。もちろん授業には全然出ていません。声をかけると、「ずっとゲームやチャットしている」と言います。私は彼に話を聞きました。「私がネット中毒？　確かに長時間ここにいるけど、オフラインでも友達はいて一緒に遊んだりもするから、ネット中毒とは違いますよ。チャットしかできないとか、荒らしばかりしている人もいるけど、そういう人はネクラで人間関係もできない人が多いですよね。僕もそんな時代はあったけど、今はやりたいことが見つかったし……」と言いながらも、この学生と目が合うことは、結局ありませんでした。
　もう一人、別の例です。中学校入試で私立受験を失敗し、高校に入ってからもすべてを投げ出したくなって、不登校になり退学しました。以降、ほとんど家も出ず、起床中はほぼネットゲームに没頭していました。栄養補給のゼリーと野菜ジュースだけで食事を済ませていたそうです。結局、数年後にそのゲームが閉鎖になったのを機に、大学検定試験を受けて大学に入りました。大学で実際の人間関係を通じて彼が体験したのは、「現実の人はネットで感じていたほど怖くない」ということでした。私はこの言葉を非常に印象深く感じました。引きこもってインターネットばかり見ている人たちが外に出られない理由のひとつは、その世界観にあります。インターネットの中では事件や事故ばかりが起こり、彼らはそういう情報を選択的に取り入れています。つまり世の中には事件や事故、怖いことばかりが起きている、と思ってしまうのです。また彼らは、匿名の攻撃的な書き込みを読んで、他人は話しても本当のことは言わず、腹の底で何を考えているかわからないとも思っています。世界も人間も怖いと

思っているのです。外に出ること自体が大変な恐怖になっていて、最初の一歩のハードルがとても高くなっているのです。

　ネット依存について、自分自身を振り返ってちょっと考えてみてください。これはキンバリー・ヤングという人が『インターネット中毒』(小田島由美子訳、毎日新聞社、1998) という本で書いているチェックリストです。以下の項目のうち5つ以上に当てはまると、ネット依存の可能性があります。

> ①　インターネットに心を奪われて、より多くの時間を費やさないと満足できない
> ②　使用をコントロールしようと努力し、失敗した経験がある
> ③　使用をやめようとすると落ち着かなかったり、意気消沈したりする
> ④　予定よりも長時間オンラインでいる
> ⑤　仕事・学校などの大切な人間関係をネットが原因で失いそうになった
> ⑥　ネットについて、家族やセラピストにうそをついたことがある
> ⑦　現実逃避や落ち込んだ気分を盛り上げるための目的でネットを使ったりしている

　インターネット・ヘビーユーザーに関しては、以下のような調査があります。「過剰なネット使用が友人関係、家族関係に割く時間の低下を促すのでよくない」「インターネットを利用する人ほど孤独感、抑うつが高まって、近所の人と実際の交際が減る」と、どちらかというとネットばかりやっているのはよくない、という調査がある一方で、「精神的な障害を抱える人は確かにネット依存に陥りやすい傾向はあるが、基本的にネットの利用者というのはむしろ社交的で、対人関係に積極的である人が多い」「インターネットが社会適応性を高める場合もある」と言う人もいます。でも、もう今や皆さんは、当たり前のようにネットに接続していて、ヘビーユーザーもライトユーザーもありません。好むと好まざるにかかわらず、誰もが同じように毎日ネットを使っています。ただし、過度に依存している場合はやはり治療が必要な場合もありますから、必ず病院や学生相談所で相談してみてください。

## 7　まとめ

　皆さんにお伝えしておきたい大事な点は4つです。第1には、ネット社会というのはもはや基本的に大人の社会だということです。「これぐらいだったら許されるだろう」と思っていたら甘いのです。犯罪や社会的制裁、知識、恋愛、いじめ、助け合い、孤独、世の中にあるものすべてがリアルに展開しているのがネットの世界です。そして、そこに書き込んだことは、誰にでも見られてしまうばかりか、誰が書き込んだかもすべてわかってしまう可能性があるのです。
　第2に、親や大学の先生はあなたたちを守りきれない、ということです。なぜかと言うと、世の中の方が先に進んでいるからです。親や先生は、TwitterやFacebookやLINEをやっている人の、何がどう危険なのか基本的にわかりません。むしろリアルタイムで使っている皆さんのほうが知っています。ネットの世界では、自分の身は自分で守らないといけないのです。
　そして皆さんは一般の人たちに直接さらされています。マスコミの人たちは会社に入った瞬間から、こういうことは書いてはいけない、こういうことをするとクレームが来るからしてはいけない、ということを叩き込まれます。私はマスコミや雑誌などの仕事もしていますが、例えばこうした本を書くときに、決して思いのまま書き散らしているわけではありません。必ず編集の人が読んで「こういう書き方をしたら読者の人がこういうふうに読み間違うから、こういうふうに書き換えたほうがいいですよ」と言ってくれます。そのように世に出る前に教育やチェックを受けて、本を書いたり雑誌に原稿を書いたりしているのです。けれどもインターネットの世界では、忠告をしてくれる編集者はいません。そういう機会がないままにメディアにさらされ、「これは公序良俗に反する」「社会人として失格じゃないか」と批判されるのです。ネットは誰が見ているかわからないし、それによって将来のあなたに影響が及びます。それを避けるためにはどうしたらいいか、ここが3番目のポイントです。他人の目をもつ、つまり自分の判断だけでものを書かない、安易に写真や動画をアップしないということです。「こういうことをネットにアップしよう思うんだけど、

大丈夫だろうか」と尋ねることができる人を、傍らに置いておきましょう。それができないなら、せめて自分がアップしようと思ったことを一晩置いて、もう一度違う目で見直し、他人の目をそこで意識しましょう。ネットにものを上げるというのは、それぐらいの慎重さが必要なのです。

　第4として、騒ぎ立てる少数者を無視する強さをもたないといけない、ということです。先ほど電凸の人たちについて触れましたが、彼らは「田中ですけど」「佐藤ですけど」と、ありふれた姓を名乗って電話をかけてきて、「自分は名前を名乗っている、だから、この電話は正当な意見です」と言ってきます。「あなたも名前を名乗りなさい、どういう立場の人ですか」「上司を出しなさい、あなたでは話になりません」と言って、「大学としてはどういう対応をするつもりですか」と問い詰め、それを全部録音してYouTubeやブログにアップします。そうやって騒ぎ立てる人が、世の中にはいます。皆さんはもちろんそういう人になってはいけないけれども、皆さん自身が被害者になる場合があります。皆さんがネットのいじめとか誹謗中傷に遭うことがあるかもしれません。そういうものに対して真正面に応えることはしないほうがいいと思います。対応する場合は必ず第三者を入れましょう。そして、騒ぎ立てる少数者を無視する強さをも身につけないと、インターネット時代は容易に生きていかれないのです。

　ここで解説したような内容は、ネット社会の成熟とともに、すぐに古くなっていくかもしれません。そのときにはまた、新たな警鐘を誰かが鳴らすでしょう。便利さの背後には必ず危険がつきまとうものだと覚悟して、勇気と慎重さを持ってネット時代を生きていってください。

※本章は2012年に行なわれた講義をもとにしており、新たな事件や話題を取り上げることはしていませんが、基本的な留意点については現在も当てはまるものと思われます。また事例などについては、趣旨を歪めない程度に典型的な複数事例を組み合わせて改変してあります。

◆ 資料 ◆

①2006年10月30日　J-CASTニュース「就職活動で気をつけよう　ブログのヤバイ書き込み」 http://www.j-cast.com/2006/10/30003610.html
②2008年9月12日　ITpro「人事担当者の22％が就職希望者の素行調査にSNSサイトを利用」http://itpro.nikkeibp.co.jp/article/Research/20080912/314680/
③2008年9月10日　careerbuilder.com Press Room"One-in-Five Employers Use Social Networking Sites to Research Job Candidates, CareerBuilder.com Survey Finds" http://cb.com/1s1OJR0

考えてみよう

- インターネットの便利さと危険を理解した上で、あなたはインターネットをどのように活用していきたいと思いますか。
- SNSを効果的に活用するために、留意する点について友人と話し合い、その安全な利用法について、情報収集に努めてください。
- インターネットに関するトラブルが生じたとき、どこに相談したらいいか知っていますか。大学内および大学外の機関の場所や連絡先などを調べておきましょう。

# 第4章

# 薬物の誘惑と危険

松本俊彦

　2014年5月、有名なデュオグループの歌手の1人が覚醒剤所持および使用で逮捕されました。2009年には女性歌手が覚醒剤所持・使用で逮捕されています。覚醒剤の使用というと、このような芸能人など、自分たちとは違う世界の人たちが使用していると思いがちです。しかし、2014年には危険ドラッグを使用した後に交通事故を起こし、被害者が亡くなる事件が多発しました。

　以前、「覚醒剤やめますか？　それとも人間やめますか？」という民放連のCMがありました。こんにち覚醒剤や危険ドラッグなどの薬物は、決して大学生の生活から遠いところにあるものではありません。一瞬の誘惑、友人への遠慮などによって手を付けてしまうと、文字通り「人間をやめる」ことになります。

　この章では、薬物の危険についての基礎知識と、「薬物NO！」の行動がとれる方法を学びましょう。

## 1　はじめに

　私は精神科の医者です。専門は薬物依存症の治療と自殺予防に関わる仕事をしております。私がお伝えしたいのは、「薬物依存症という病気がこの世の中にある」ということです。そして、それは専門家の助けが必要な病気であることをまずは知ってください。法的にはいろいろな立場があると思います。自業自得じゃないかとか思う人もいるでしょう。しかし薬物をやめることができず、困っている人が現実にいて、支援が必要だという事実を知ってほしいのです。それから、すでに自分の周りで知り合いが、あるいは友人が使ったことがある、また自分自身も友人から勧められたことがある、さらには、ほんの少しだけれど自分も使ったことがある、という人もいるかもしれません。
　薬物を使ってしまったことは、今更どうにもしようがありませんが、これから述べる内容は、今後自分自身が薬物とどのように付き合っていくか、を考えるきっかけになると思います。また、今は薬物と縁のない生活をしている人も、大都市で学生生活を過ごしていると、まったく無縁に生きることは無理ではないかとも思います。もし、友人が薬物に手を出してしまったとき、自分が薬物を勧められたとき、そのときに自分の気持ちで考え、判断し、自分の行動を決定するための情報として役立つことになると思っています。

## 2　薬物依存の現実

　最初に、私は主に病院で薬物依存症の治療をしています。そこでは、例えば犯罪行為である覚醒剤をなかなかやめられない薬物依存症の患者が通院し、治療を受けています。「先生、今朝またクスリを使っちゃいました」と告白しに来る人もいます。もちろんわれわれは医療者であり、守秘義務を優先して患者の治療をしています。従って「何でそんなことをしたんだ。警察に自首しなさい」という言い方はしません。
　実は、覚醒剤依存症の人たちが一番集まっている場所は、病院ではなくて刑

務所です。ありとあらゆる犯罪の中で最も再犯率が高く、刑務所に収容されている受刑者の中で罪名として最も多いのは覚醒剤取締法違反です。受刑者数は全然減りません。しかも再犯率は極めて高いのです。覚醒剤取締法違反で捕まると、おおむね初犯は執行猶予になります。2回目から懲役刑となります。そして再犯を重ねるたびに、服役期間は長くなります。再犯率は約6割弱といわれています。ありとあらゆる犯罪と比較して、圧倒的に再犯率が高い犯罪です。昔は刑務所の中でも、単に自由を奪う環境の中で作業をする自由刑という形態をとっていました。しかし最近、それではダメだという世論が高まっています。というのは、覚醒剤取締法違反で逮捕される人が、同じ犯罪をくり返してしまうのは、「薬物依存症という病気」に罹患しているためで、その病気の治療をしなければ再犯は防げない、と言われているからです。近年は、刑務所の中でも治療プログラムが試みられるようになりました。

　私も幾つかの刑務所でそのプログラムを提供しています。もうずいぶん前から刑務所で服役している薬物依存者と関わりをもち、治療プログラムの開発や実施をしています。そのプログラムに参加する受刑者は、先述したとおり、少なくとも2回は覚醒剤取締法違反で逮捕されています。ほとんどの受刑者は、覚醒剤を本当にやめたい、もう刑務所には入りたくないと思いながら収監された人たちです。その人たちを20人ほど集めてプログラムを実施します。刑務所の中は、規律が厳しく、受刑者は常に刑務官に監視されている緊張感をもっています。それではプログラムを実施できませんので、少しでもリラックスしてもらいたいと思い、受刑者たちに冒頭で次のことを訊いています。「あなたはこれまで覚醒剤のことで、親、きょうだい、友人、知人、親分、兄貴にヤキを入れられたことがありますか」と。すると、全員が「あります」と答えます。当たり前です。皆、薬物はやめたいと思っているからです。やめたくないと思っている人でも、見つからないようにうまく使いたいと思っているし、薬物を使用しても仕事や家庭生活、人間関係に支障が出ないような上手な使い方はないかと思っています。でも、それがなかなかうまくいかないわけです。暴力団に属している人たちは親分とか兄貴に、そうでない人は家族、友達、恋人などに、「今度こそもう使わないで」と何度も何度も約束させられています。あるいは、

愛のムチということで、父親などから一発、ぶん殴られたり、ぼこぼこにされたりという経験をしています。

　このヤキを入れられた経験のある人たちにさらに質問します。「ヤキを入れられたときにどんな気持ちになりましたか」。今度ははっきりと答えてくれません。その理由は、プログラム中といっても、刑務所の中ですから刑務官たちが後方で見張っているので、あまり率直なことを言い過ぎると、反省が足らないと思われ、結果として刑期が長くなるのではないか、と心配するからです。でも、あるとき、中年男性が私にはっきりと答えてくれました。「余計にクスリをやりたくなった」と。他の受刑者たちも皆うなずき、「そうだ、そうだ」と言いました。不思議だと思いませんか。しかし一度、依存症になると、みじめな気持ちになったとき、情けないなと思ったとき、このようなときに脳が即時に反応するようになってしまうのです。このとき、脳は「もう素面じゃいられない、何でもいいからクスリをくれ」という感じになります。受刑者たちは、何でうまくコントロールできないのか、何でまた手を出してしまったのか、と自身ですごく恥ずかしく思っています。あるいは、クスリに手を出したとしても、今度こそ上手く使えて他人にばれないような、顔つきに出たりしないような使い方ができるだろう、と思って使ってしまいます。また、もう使いたくないと思って、組織の親分や兄貴分と約束し、小指を切り落としている人もいます。それなのに、使ってしまうわけです。中には、周囲にさんざん迷惑をかけ、それでもクスリを止められない自分は、もうこの世にいないほうがいいと考え、いつも使っている覚醒剤の20倍くらいの量をいっぺんに注射した人もいました。実際、われわれの調査では、東京都23区内で毎年、覚醒剤の過剰摂取が原因で死亡したと推定できる人は少なくとも15人程度います。依存症の治療を専門的にやっているわれわれからすれば、極端な言い方かもしれませんが、死ぬくらいならいつもと同じようにクスリを使ったほうがいいと思います。なぜなら死んでしまったら終わりだからです。生きていれば、すぐには止められないかもしれませんが、頑張って治療を受けて、失敗を繰り返しながらも、いつかは止められる可能性があります。しかし死んでしまったら、もう止めることはできません。最後まで薬物依存症のままで死ななければならないのです。

薬物依存症の恐ろしいところは、死ぬつもりで20倍の量を使用したり、情けなさを打ち消すために、衝動的に使ってしまったりしても、使えば使っただけ薬物への依存は進行します。ですから、周囲の人は立ち直ってほしいと思ってヤキを入れる、つまり叩いたり、折檻(せっかん)したりするわけですが、その思惑とは逆に、本人はより一層クスリを摂取してしまいます。周囲は善意をもって叱責したのに、状況は悪化するばかりです。

薬物依存症は愛情でも暴力でも治りません。必要なのは医学的な治療なのです。しかし、この点について社会の理解がなかなか進みません。日本の場合は、薬物の多くが法で禁じられている、自分から犯罪行為をした、だから自分で責任を取れ、と考えがちです。もちろん予防という観点では、決して間違っていません。しかし実際に、薬物に手を染めてしまい、止めたくても止められない人たちがいること、その人たちはくり返し刑務所を出たり入ったりしているという事実も忘れてはなりません。

## 3　薬物依存症の実際

私がいる国立精神・神経医療研究センターの病院には、薬物依存症の専門外来があって、そこにはさまざまな薬物依存症の患者さんが来ます。依存症になってしまうと、行動、考えること、嘘のつき方、皆似ています。でも、使い始めるきっかけはみんな違います。仕事も全然違います。ある人は仕事を失って生活保護を受けながら日々生活しています。一方で、成功したビジネスマン、芸能人、ミュージシャンといった人もいます。さまざまな立場のいろいろな人が、全然違う動機からクスリを使っていますが、依存症という病気が示す症状や行動は似たような感じになります。

では、薬物に手を出すきっかけは何でしょうか。例えば女性の場合には、「痩せるよ」と言われて薬物に手を出し、それでやめられなくなってしまう人もいます。クラブで遊んでいると、格好いいなと思っている先輩がクスリを使っていたりします。自分も先輩みたいになるために、ちょっと薬を使ってみようかなと思ってしまうのです。あるいは、クスリを使っているグループに認めても

らえるかな、仲間をもちたい、一緒になりたいと思って薬物を使い始める人もいます。あるいは、しんどい気持ちを抱えていて、家族との折り合いも悪く、気心知れた友達もいない状況で誰にも相談できず、とにかくこのつらい気持ち、あるいは眠れない状態から逃げたくて薬物を使い始める人もいます。また、音楽が好きで、あこがれのミュージシャンがクスリを使ってぼろぼろになったり、クスリの幻覚の中で格好いい曲をつくったりしたと聞いたのでそれにあやかってみたり、と軽い気持ちで薬物を使い始めた人もいます。

　私自身、そういうミュージシャンや芸能人の治療をすることもあります。その人たちの話を聞いてつくづく思うのは、薬物を使ったからいい音楽ができたわけではないのです。むしろ、もともと才能がある→才能があるから作った作品がどんどん売れる→売れてくると仕事がバンバンと舞い込んできて、周囲からのすごいプレッシャーがかかる→どう考えてもオーバーワークでアイデアが出なくなってくる→落ちぶれ始めたところで薬物を使うというパターンがほとんどです。薬物を使うと、今度は何年も薬物の後遺症で仕事ができなくなります。そのようなことを知らないで、薬物を使えばいい音楽ができるのではないかと錯覚してしまう人もいるかと思います。

　ここでかつて治療したケースを紹介します。なお守秘義務があるため、内容は事実関係を損なわない範囲で、若干改変していることをお断りしておきます。

《事例》

　大学生、21歳の男性です。彼は、高校までは何不自由なく生活してきました。勉強もできて、運動もできて、ルックスもよくて、それほど一生懸命勉強しなくても、名の通った大学に入ることができました。高校時代に1回だけパーティーでマリファナを吸ったことがあるけれど、基本的には薬物には縁がなかったといいます。

　彼は大学に入ってから、「友達はただ大学に行って勉強しているだけだけど、俺は社会勉強もしたい」と言っていました。学校の授業にはきちんと出席し、その上で社会勉強としてホストクラブに勤め始めました。それは決して女の子と仲良くなりたいからではなく、社会の裏がもっと見えて、いろいろな知識が

身に付くはず、と思ったからです。しかし現実には、夜遅くまでホストクラブでアルバイトをして、翌日１限の授業から出席するのが次第にしんどくなってきます。講義を一生懸命聴こうと思ってもうつらうつらしてきます。彼には大学に在籍中に留学したいという夢もありました。そのために単位を早めに取りたかったのです。でも、寝てしまう自分に嫌気がさしてきます。アルバイトをしていても、接客中にあくびが出てしまい、話にまったく集中できません。そんなとき、「いいものがあるよ」と仲間が教えてくれました。ガラスパイプの中に入っている粉をライターの火であぶって吸うというものです。これは覚醒剤の"あぶり"です。しかし、彼は覚醒剤というと注射器を使うというイメージがあったので、吸い込んでいる物が覚醒剤とは思いませんでした。友人もそんなことは言わなかったのです。実際、使ってみても、特にたいしたことは起こりませんでした。

　覚醒剤などのクスリは、１回使っただけで体調に異変が生じ、とんでもない健康被害が起きると言い聞かされています。しかし本当は、１回目は何ともないのです。ですから、これまで大人が言っていたこと、学校で教わったことは全部嘘じゃないかと思ってしまうのです。教師や専門家など大人の言葉ではなく、クスリを使っている仲間の言葉しか信じなくなります。

　彼もそうでした。そのクスリを使うと眠気が吹き飛ぶ感じがしました。ですから、眠いときに、ちょうど栄養ドリンクを飲むような感じでクスリを使っていました。そうすると、アルバイトも集中して一生懸命できるし、大学の授業も何か集中できて、どんどん頭に入ってくるような錯覚が起こりました。

　実際、覚醒剤の使い始めの時期は、自分がすごく頭がよくなったような感じがします。しかし、実際に試験をやってみると得点は低いのです。これは頭には定着しないけれども、入ってくるような気がするだけなのです。

　しかし彼はその仕組みを知らないから、どんどんクスリを使います。使い始めて１ヵ月する頃になると、使っても眠気が取れなくなってきます。それで、眠気をとるために量を増やします。しかし、クスリが切れたあとの虚脱感もつらく感じます。それを感じないように、さらにクスリの量を増やします。気付いてみると、お金が無くなってクスリが手に入らなくなりました。使い始めて

3ヵ月ぐらいすると、彼は部屋から出られず学校にも行けないしアルバイトにも行けないという事態になってきました。家族が心配して本人に根掘り葉掘り訊きました。しかしクスリを使っていることは、言えません。1人でどうしようかと悩んでいました。

　彼が部屋から出られなくなったのは、クスリが切れると電池が切れたみたいな感じになるからです。またクスリをたくさん使い過ぎたときも、やはり外に出られなくなります。なぜならば、覚醒剤は使うと顔つきですぐわかります。目がぎらぎらして、つり上がり、怖い顔つきになるのです。すると顔つきでクスリを使っていることがばれるのではないか、という不安が働き、外出ができなくなります。さらに、家の外で物音がすると、「警察がやって来て自分の周囲を固めているんじゃないか」という勘ぐりが起こり始めました。恐怖感が高まってくると、やられる前にやってしまえと、護身用の刃物を入手し、常に手元に置くことにしました。

　最初、彼は覚醒剤とは知らずに使い始めました。しかし3回目ぐらいに友達から「実はこれ、覚醒剤なんだよ」と教えられました。でも、友達も使っているし、使っても変なことは起こらなかったから、と自分の中で知らないうちに心のハードルが下がってしまったのです。そのときには、別に注射器を使うなどひどいはまり方をしなければ、学生時代に勉強を頑張るためだけに使って、あとは卒業したら使わなければいいじゃん、と思っていたのです。ところが現実は、薬物の作用は甘くはありませんでした。ある日、彼はパンツ一丁で自宅の外に出て刃物を振り回し、警察に逮捕されました。1年前は、逮捕されるような若者では無かったのです。困りながらクスリを使ったり止めたりをくり返し、家族に相談しようと思っても、クスリのことは話せないと悶々としているうちに、覚醒剤の後遺症で出てくる幻覚や妄想、特に「自分はいつも狙われている」「追われている」という被害妄想が出始めたのです。そして「自分を狙っているやつを追っ払うしかない」と本人は必死な思いの中、護身用に手元に置いていた刃物を振り回すという行動に出たのです。幸いにも、通行人がすぐに警察に連絡し、確保されたため誰も傷つかないで済みました。もし、警察への通報が遅れ、彼がその状態であと10分でも暴れ回っていたら、誰かを傷つけ

た可能性があったのではないでしょうか。

　覚醒剤やMDMA、危険ドラッグなどの薬物により興奮した状態の幻覚妄想は、薬物に関係ない精神病の幻覚妄想と比べて違う点があります。精神病の幻覚妄想は、暴力が自分の肉親などの親しい人に向かう傾向がありますが、薬物による幻覚妄想は、暴力が不特定多数の他人に向かうことが特徴です。「薬物を使っている人たちは、自分の体を傷つけるだけで、人に迷惑をかけているわけじゃないから、自己責任で使えばいい」と言う人もいます。しかし精神科の医療機関で薬物依存の患者さんたちを診察していると、それは言えません。

《事例2》
　次の事例は若い女性です。おそらく多くの若い女性は、なんとなく自分の容姿や体形、体重が気になり、そのことで自分に自信をもてなかったり、人前に出ていく勇気がもてなかったりするのではないかと思います。体重がうまくコントロールできているときにはテンションが高くなりますし、そうでないときには、少しうつ気味になったり、少し消極的になったりします。これは多くの女性に見られることです。そして、そこにつけ込む人もたくさんいます。「これを使ったら痩せたんだよね」というような知り合いの話を聞くと、ちょっと試してみたくなったりもします。
　ある女性は、「痩せに効く、いいサプリがあるから」と教えられました。最初は覚醒剤とは知らずにクスリを使いました。それまでは、学校が終わった夕方、夕食の前に甘いものを食べたり、夕食後夜更かしして夜中に甘いものが欲しくてつい食べたりしていました。しかし、クスリを使い始めて最初の1ヵ月は間食をしないで済んだのです。当然ながら痩せていきます。痩せるだけではありません。人生で初めてのモテ期を迎えました。「○○ちゃん、最近かわいくなったね」「痩せて綺麗になったね」とまず同性から言われます。そのうち、男性から告白されたりします。「もう最高。こんなうれしいことは今までの人生になかった」と気分は舞い上がります。最初クスリは、無料でしたが10回目ぐらいからお金を取られるようになりました。
　この女性は、ダイエットをきっかけに覚醒剤を使い始めました。先ほどの事

例同様、最初は覚醒剤と知らずに使いました。ところで、見た目が綺麗な女性ほどクスリは無料でもらえます。なぜ売人は見た目の良い女性にあげるのでしょうか。見た目の良い女性の周りには、たくさんの男性がいることが多いのです。女性から男性にクチコミ的に広がるので、その女性から周囲の男性にもさらに広まります。ビジネスとして効率が良いわけです。また、薬物の害は、確実に男性よりも女性のほうが深刻です。男性は最終的にクスリの影響で仕事ができなくなります。仕事ができないと収入が無くなります。つまりお金が入らないからクスリが買えなくなります。すると、死ぬかクスリを止めるかのどちらかしかなくなります。しかし、女性の場合には、風俗産業で働くことができます。クスリの支払いが滞ると、「じゃあ、風俗で稼いでこい」と必ず言われます。

　人生初のモテ期を体験したこの女性は、あるとき、「実はあのサプリはシャブなんだよね、覚醒剤なんだよね」と言われて、ヤバいなと思っても急に手放す気持ちにはなれませんでした。もう少し自分の体質が改善したらやめよう、もうしばらくこのクスリで体質を調整したいと思いました。

　覚醒剤というのは効果があるときは食欲が落ちます。しかし、効果が切れると、ものすごく食欲が出てきます。だから、滅茶苦茶にドカ食いしてしまいます。例えば、クスリを使って幻覚が出始め、家族にバレそうになって、「ヤバイからしばらく控えよう」と思ってクスリを我慢していると、異常なほど食欲が出てきます。気が付くと、クスリを使う前よりも確実に太っています。その姿に怖くなり、昔の冴えない自分に戻りたくない、そう思って結局またクスリを使い始めてしまいます。もっと恐ろしいのは、クスリを長い間、使用していると体が慣れてきます。するとクスリを使用していても、食べ物が食べられるようになってしまいます。でも、クスリを止めると食欲が止まらなくなります。すると、前よりもクスリの量を増やすようになります。しかし、クスリの量を増やすと幻覚や妄想などが出てきて、恐怖心が高まります。そして結局、何も考えられなくなってしまい、精神科病院に入院するか、先ほどの事例のように警察に捕まるかになります。いずれにしてもクスリを止めると、多くの場合は、前よりもむしろ太ります。クスリを使い始める前よりも30キロプラスという

ケースはよくあります。このように、覚醒剤で痩せられるというのは、まったくのまやかしなのです。

ちなみに、ダイエットサプリと呼ばれるクスリの中に、漢方の成分で「麻黄」が入っている場合があります。「麻黄」というのは、実は覚醒剤の原材料のエフェドリンをとるための最初の植物です。そのようなサプリを使うと少々体重が減るかもしれません。しかし、リバウンドが激しかったり、体質自体が太りやすい体質になったりする可能性があるということも頭の中に入れておいてください。

## 4　なぜ薬物を止められないか

薬物の危険は動物実験からも明らかです。例えばネズミが1匹います。ネズミの前に大きな段ボールを2つ、AとBとを用意します。段ボールAは、入り口が大きく、中が真っ暗です。もう1個の段ボールBは、入り口は小さいが、中は蛍光灯で明るく照らしています。段ボールAとBの中間地点にネズミを置きます。ネズミはどちらの箱に行くと思いますか。ネズミは迷うこと無く、段ボールAに行きます。なぜならネズミは夜行性だからです。次に、夜行性のネズミに覚醒剤を染み込ませた通称「シャブ砂糖」を食べさせます。そして、もう一度2つの段ボールの中間地点にネズミを置きます。すると、覚醒剤を摂取したネズミは先ほどとは逆に、明るい箱に行きます。

ネズミが夜行性であるということは、種として、生きていく本能として、暗闇を好むということです。種の保存のために、ネズミが脈々として遺伝子の中で抱えてきた習性なのです。しかし、それがシャブ砂糖を食べたことで変わってしまいます。このことは人間にも当てはまることでしょう。覚醒剤を使って仕事を失い、家族からの信頼を失い、そして友人を失う。さまざまなものを失って、それでもクスリをやめられない人もいます。刑務所に入り、あらゆる社会的信頼を完全に失っても、やめられない人がいるのです。意志が弱いとか、反省が足らないとか言う人がいますが、それだけが問題ではありません。ネズミのような動物だって、シャブ砂糖をかじっただけで、自分の身の危険を冒すよ

うな行動を取るようになります。覚醒剤によってネズミの脳がクスリにコントロールされ、脳の深いところにある本能をつかさどっている部分が狂ってしまったということを、この実験から理解してください。

　覚醒剤はじめ薬物依存においては、さらに困ったことが生じます。依存性のある薬物、覚醒剤、MDMA、大麻、危険ドラッグ、向精神薬に一度でも依存が生じると、たとえ止めることができたとしても、音に反応して唾液を出すようになったパブロフの実験の犬と同じ状態になります。つまり、クスリをやっていたときに、一緒に使っていた仲間、使っていたガラスパイプや注射器、クラブなど使っていた場所、あるいは使っていた時間（例えば、深夜、週末、クスリを買うためのバイトの給料日）、聴いていた音楽や着ていた服に遭遇するだけで、意志とは別にクスリのことを思い出してしまいます。「これ以上家族を苦しめたくない、刑務所もごめんだ。だから、絶対クスリは使わない」と決意していても、昔クスリを使っていた仲間と街中で偶然、会ってしまい、「よう、最近元気？」「いいネタ入ったんだけど、どう？」と言うのに対して、「冗談じゃねえよ、俺はもう変わったんだよ」と言って、その場は別れます。しかし、帰宅してから、その友人に電話をしてしまうのです。もう縁を切ろうと思って、携帯電話からその友人の電話番号を消去して、覚えていないはずなのに、突然記憶が蘇り、「ええと、たしか……」と適当に押してみたら、その彼の番号だったりするのです。信じがたい記憶と結びついたりすることがあります。

　それから、音楽は結構強力です。以前は、覚醒剤を使いながら尾崎豊を聴いている人が結構多く、「尾崎豊を聴くとやりたくなっちゃいます」という人は何人もいました。ちなみにMDMAはトランス系が多いです。マリファナはレゲエが多いです。昔、担当していたマリファナ依存症の患者さんはもともとレゲエクラブのDJでした。それで、ガンジャというマリファナタバコをふかしながらいつもテーブルを回していました。「マリファナがなかなか止められない、なぜ止められないのか」と自分なりに分析してみたら、家の中でレゲエを聴いたり、ボブ・マーリーのレコードジャケットを飾ったりするのがいけない、と気づいたのです。レゲエの神様、ボブ・マーリーがマリファナを吸っているのを見ると、音楽を聴くと、どうしても吸いたくなってしまうのです。彼は何

百枚も持っていたレコードを売却することで、ようやくマリファナを止められました。

薬物依存症の治療の現場では、決意が固い人ほど、昔聴いていた音楽はしばらく聴かないようにします。「やめて3年ぐらいたってから、ようやく少し聴ける感じになってきた」と言うぐらいです。音楽というのは相当深いところに結びついています。また、ある冬、雪が降っている日に診察していたときのことでした。患者さんが「先生、おれちょっとクスリのことを思い出しちゃった」と言いました。理由を訊いたら「降っている雪を見て、覚醒剤のことを思い出した」と言うのです。患者さんの脳の中には、白い粉の連想でインプットされているのです。それは、意志とか根性とかを超えた深いところを「支配されている」と思ってください。

このように、いったん依存症になると、そこから回復するためには、いろいろな危険を意識的に避けなければなりません。しばらくはクスリの記憶がある六本木に行かない、渋谷に行かない、そこを避けて頑張って生活しなくてはならず、極めて不自由になります。クスリに手を出す、つまり薬物依存症になると生活は不便になると理解してください。

そして、クスリにはまった人が、しばらくやめていたのに、また使い始めてしまうのはどういうときかというと、不思議なことにお酒を飲んでほろ酔いのときなのです。だから薬物依存症になったら、お酒も止めないとなりません。夏にビールが飲みたいな、と思ったときにコーラを飲むと、飲酒要求が収まったりします。依存症のことをよく知らない人からは「おまえ、メタボになっちゃうから、コーラではなく体にいい水を飲め」なんて言われたりしますが、薬物依存症の人に対しては、世間の常識とは少し違うことを考えていかないといけないわけです。

それでは、薬物依存症が進行してくると、個人がどのように変化してしまうのかについて説明します。最初はクスリを使うことによって社交的になったり、勉強や仕事のパフォーマンスが上がったりすると感じます。しかしすぐに、クスリを使わないと以前よりもパフォーマンスが落ちるということになります。すると、自分が自分であるために、クスリを使い続けないといけなくなります。

しかしクスリを使い続けるためには、お金が必要です。それから、法に触れるので、周囲にバレないことが必要です。そのため、嘘をつくことが多くなります。クスリにはまったとき、最初に起きる性格の変化は、嘘つきになるということです。実際に依存症の患者さんを病院に入院させると、本当に彼らは口がうまくて、彼らと口論すると負けます。でも、昔から口がうまかったわけではありません。中学校や高校のときには人前で意見を発表したりするのが下手だった人が、優秀なセールスマンと同じくらいにセールストークが上手になってしまいます。

彼／彼女らがなぜそうなったかというと、自分が自分であるための死活問題として、口がうまくないと、親や周囲からお金を出させたり、バレずに使ったりすることができないからです。だから、いつも言い訳や嘘を考えています。彼らは確かにたくさんの嘘を他者につくかもしれません。しかし一番だましているのは、他ならぬ自分自身です。どんな嘘を自分につくかというと、一番多いのは、「クスリはこれが最後の1回」です。何度も何度もそう誓っています。何十回も「最後の1回」をやっています。例えば、覚醒剤にはまっているときに、「あ、シャブにはまっちゃっているかな。いや、でも大丈夫だ。俺はまだ注射器やっていない、あぶりでやっているから大丈夫」と、一生懸命、大丈夫な理由を探します。自分に嘘をついてだましているわけです。それから、同じクスリ仲間を探してみると、自分よりもひどくはまっている人が見つかります。その人を見て、「ああなったら人間ダメだよな」と見くびって、自分はまだ大丈夫だ、と安心したりします。その後、幻覚が出てしまい、精神科病院に入院します。入院して1週間くらいはクスリを断つから幻覚も出なくなります。病棟には薬物と関係ない、ほかの重症の精神科の患者さんがいます。それを見て、「いや、あの人たちに比べたら、私は全然ましだ」と思って、すっかり安心します。そして退院すると、まだまだ大丈夫と思い、必ずクスリをやります。ちなみに、薬物にはまった人が一番多くクスリを使うのは、刑務所から出た直後や病院から退院した直後です。

このように、とにかく自分が安心できる材料を探しているうちに、独特の性格になっていきます。例えば、薬物依存症の場合、「私は依存症じゃないわよ」

と言い張ります。「俺は今、自分でわかって使っているんだ。その気になれば、いつだって止められる」と言います。でも、そう言い張る人に限って、われわれ専門家は、この人はすごく依存が深刻なんだろうなと思います。依存症の人は、自分が依存症であることを認めない、否認するところに特徴があります。「ヤバイ、俺、クスリにはまっているかも」と言えているうちはまだまだ回復の見込みがあります。つまり「クスリにはまっている自分」を一生懸命否認するということは、自分が不安で仕方ないため、一生懸命に自分から目をそらして、ハッピーな幻想に浸ろうとしているわけです。

　このような生き方をしているうちに、自分の中で大事なものの順位が変化してきます。多くの場合、自分の趣味、将来の夢、恋人、家族などが大事なものとしてあげられるでしょう。それが、気付いてみると、クスリが第1位になっています。自分の家族や友人よりも、あるいは将来の夢よりも、クスリを続けることが大事になってしまうのです。そうすると当然、友達関係や家族関係がうまくいかなくなり、話がかみ合わなくなります。友達も、最初は一生懸命関わってくれますが、最後は愛想を尽かし、付き合うこと自体が鬱陶しくなってきます。そして気付くと、一人ぼっちに、あるいはクスリ仲間だけになってしまうのです。クスリ仲間だけの、自分たちにとって都合のいいハッピーな幻想の中で生きるようになってしまうと、ますます回復は難しくなります。

## 5　薬物が脳に与える影響

　薬物ごとに身体が受ける害は異なりますが、どの薬物にも共通してダメージを受ける部位、それは脳です。結局、クスリを使って意欲が出たり、ハイになったり、気持ちよくなったりするのは、薬物が脳に効いているからです。だからその害も脳に出ます。このことをまず理解してください。脳が受ける最初のダメージとして、幻覚や妄想が起こります。一見、普通に見える薬物依存者でも、医学的にきちんと調べてみると、幻覚妄想をはじめ、さまざまな害が出ています。

　「脳血流シンチグラフィー」といって、脳の中に流れている血液の量を調べて、

それで脳細胞がどのくらい活発に働いているのかを見ると一目瞭然でわかります。脳血流シンチグラフィーでは、脳内で活発に活動している部分ほど赤や黄色など明るい暖色系の色で映ります。活動していないところは青っぽい寒色系の色で映ります。正常な人のシンチグラフィーと、覚醒剤使用者のそれを比べると、覚醒剤を使っていた人は青い部分が多くなります。きちんと仕事をしているし、クスリも頑張って止め続けており、どこからどう見ても普通の人にしか見えなくても、脳のパフォーマンスが落ちていることは明らかと言えるのです。ですから、クスリを使っている時点で、脳にはさまざまな変化が起きているということを知っておいてください。

　なぜそういう変化が起きるのでしょうか。脳には、ニューロン、つまり神経細胞があります。神経細胞は細胞体があり、中には細胞核があります。そして軸索というものが伸びています。この軸索は他の神経細胞の細胞体と連結しています。脳細胞は、こういう細胞が全部で1,400億個集まって、それぞれ網の目のようなネットワークをつくり、いかなるコンピュータでもなし遂げられないような複雑なシステムを構築しています。脳と同じネットワークをもっているコンピュータをつくるためには、確か東京ドーム1個分ぐらいのコンピュータのサーバーが必要だと言われています。それがわれわれのこの小さい頭の中に入っているわけです。さて、覚醒剤はどこを冒すかというと、この軸索の先端です。ほかの細胞と連結する部分に影響を与えます。脳細胞自体がいきなり死んでしまうのではなく、脳細胞と脳細胞をつなぐ配線が壊れてしまうのです。つまり、ほかの細胞と連結しなくなるのです。

　例えて言うならばパソコン本体がある、キーボードもある、ハードディスクもあるが、USBケーブルでつながっていないから機能しないという状態です。すると、見た目では認知症のような感じにはなりませんが、さまざまな判断力、思考力とか、人の気持ちを配慮したり、思いやったりする機能がどんどん低下していきます。そうすると、昔から本人のことを知っている人から見ると、「あいつ変わったな」「前より馬鹿になっていない？」といった感じになってきます。難しいのは、脳は自分の変化を感じられないことです。脳は、自分の脳が壊れているのを痛みとして感じることができません。体中のすべての痛みは神経を

通って脳で感じていますが、脳自身の痛みを脳は感じることができません。クスリを使って、軸索がだんだん破壊されていっても、それを感じることができないのです。しかし、確実に変化していっています。

　薬物に詳しい人の中には、覚醒剤とか MDMA のようなケミカルなものが悪いのであって、大麻などナチュラルなものなら大丈夫だ、と言う人がいます。あるいは、「大麻はアルコールやタバコよりも害が少ない」と言う人もいます。いわゆる大麻解放論者は、医者がもっている情報とは違う情報をもとに主張しています。しかし、誰が明らかにしたことなのか、根拠となる論文は出てきません。

　タバコにはタールという発がん物質が含まれています。その発がん物質のタールが大麻にどれぐらい含まれているかというと、大麻タバコ１本の中に、普通の紙巻きタバコ20本分のタールが入っています。肺がんの危険だけをとっても、明らかに大麻のほうが危ないのです。例えば、レゲエのスーパースターのボブ・マーリーです。彼の CD ジャケットには、必ずマリファナを吸っている写真があり、YouTube には、彼がガンジャ、つまりマリファナがいかに神聖であるかを一生懸命しゃべっている映像があります。彼は脳腫瘍で亡くなりました。しかし、ボブ・マーリーの悪性腫瘍の原発は、肺がんです。肺がんが脳に転移し、転移した脳腫瘍が大変な勢いで大きくなっていったのです。一刻も早く手術しなければ助からないのに、彼自慢のドレッドヘアというレゲエ特有の髪型を剃ることに抵抗しているうちに手遅れとなってしまったのです。肺がんが原発であることから、ボブ・マーリーの脳腫瘍には大麻が関係していたと私は推測しています。

## 6　薬物依存症の影響

　最近の問題は危険ドラッグです。これは合成カンナビノイドといって、大麻の有効成分を少し化学変化させ、法に触れないようにしたものです。今、日本の薬物を規制する法律である「薬事法」は、全部化学式で決まっています。ですから、化学構造を少し変えれば、法の網の目を抜けることができます。そし

て、都内にはハーブ店やハーブカフェがありますし、インターネットでも販売されています。薬物はどの種類でも危険であり有害です。しかし、覚醒剤、大麻などは、人類の歴史の中にその愛好者がいて、くり返し使ってきた歴史があります。しかし、危険ドラッグは、法を逃れるためだけに化学変化をさせたものなので、完全な毒物なのです。

　危険ドラッグは、精神科よりも一般救急科で問題になっています。なぜなら、危険ドラッグを服用してテンパり、ビルの屋上から飛び降りた、高速道路を逆走して事故を起こした、という事件が次々に起きているからです。「1回しか使っていないのに、そういう重大事故が起こる」「1回使ったときには何ともなかったけれど、同じ製品をまた使ったら急に変調を来す」。このようなことが危険ドラッグでは生じるのです。

　数年前に、性行為の前に彼女と一緒に危険ドラッグを使用したケースがありました。途中から2人とも記憶を失ってしまい、数時間後、男性が全裸で近くの交番に飛び込んできたのです。私は精神鑑定するときに交番での映像を見ました。交番の中で、彼は全身に返り血を浴びて裸で暴れていました。大男の警察官が後ろから押さえて捕まえましたが、意味不明なことを大声でわめいていました。その後、警察官が彼の体から垂れている血液の跡を追って近くにある彼のアパートに入ってみると、部屋の真ん中にある大きなベッドに、全裸の女性が胸に包丁を突き刺されたまま仰向けで横たわっていました。診るまでもなく即死状態です。検視の結果、彼女の体内からも危険ドラッグが検出されました。また防御創という、もみ合いのときにできる手などの怪我は、一切ありませんでした。心臓を一突きでした。危険ドラッグによる幻覚の中、「刺してもいいかい」、「いいよ」となって、刺したのでしょう。このような想像を超える幻覚作用が起こる危険ドラッグ関係には、決して手を出さないことです。法的に取り締まられているとか、取り締まられていないということは、関係ありません。危険ドラッグは文字通り危険なのだと思ってください。

　それから世界最古の、しかも最悪のクスリはアルコールです。飲用人口が多いこともあり、健康被害、社会的な損失、経済的な損失の額はアルコールが一番大きいです。アルコール依存症の患者は同年齢に比べてMRI上で黒い部分

が多く見えます。これは、脳が萎縮し、隙間ができてしまったことを示します。脳の萎縮は、覚醒剤やシンナーよりもアルコールのほうが深刻です。また、アルコール依存症だから、脳の萎縮が起こっている、ということでは必ずしもありません。20歳から30年間、毎晩、日本酒にして3合ぐらい晩酌をしている男性だったら、50代の半ばになると、脳の萎縮はかなり進行します。その人は会社では管理職として、あるいは家庭では父親としてやっているかもしれません。でも、それは首の皮1枚でボケないで済んでいるだけなのです。たまたまどこかで頭をぶつけたり、脳梗塞になったりしたら、一気にボケてしまうでしょう。アルコールには、それぐらい毒性があります。特に若いときから飲み始めた人は問題です。

　成人したら、お酒を飲むなとは言いません。ただ、注意して飲むことが大事です。例えば、眠れないからといってお酒を飲む人がいます。これは危険です。お酒を飲んで寝ている人の脳波をとってみると、きれいな睡眠脳波になっていません。睡眠というのは、レム睡眠とノンレム睡眠があって、ノンレム睡眠は1段階から4段階まで段階があります。それを、1回の睡眠で2往復すると朝すっきりしています。記憶が整理されているし、嫌なことも忘れて前向きな気持ちになります。ところが、お酒を飲んで寝ている人の脳波は、どこかに頭をぶつけて気を失っている人と類似の脳波になります。お酒を飲んで寝ている人は、寝ているのではなくて、気を失っているのと同じなのです。目を覚ますのではなく、意識を取り戻すだけなのです。これが積み重なると、うつ病になります。毎晩、たくさん晩酌をしている人は、うつ病になりやすいということもわかっています。それから、もう生きているのが嫌だというくらい、つらい問題を抱えている人は、お酒を飲まないほうがいいでしょう。なぜなら死にたくなるからです。お酒は抑えを効かなくさせます。われわれが、どんなにつらくても、そう簡単には死ぬ行動を取らないのは、死に対する恐怖感や、自分の体を傷つけることに対する抵抗感があるからだと言われています。でも、飲酒は、それに歯止めを利かなくさせてしまいます。飲酒によって抑えが効かくなる現象としては、他にも暴力犯罪があります。暴力犯罪の加害者の48％が、飲酒後に暴力行為をしています。また暴力犯罪の被害者の46％も飲酒後であることが

わかっています。お酒が入っていると、自分を守れず、けんかを売られたら、それに対して挑発的な態度をとってしまうということでしょう。

## 7　困ったときは、相談しよう

　薬物やアルコールに依存する人たちは、日々生きていくのが大変で、辛い毎日から少しでも目をそらせたいと思っています。だからさまざまな方法で気を紛らわしているのです。薬物やアルコールは、どれも自分を傷つける行動ですが、つらいその瞬間を生き延びるためには役に立つ側面もあるかもしれません。しかし根本的な問題は解決しません。家族との問題、友達との問題、あるいは自分の将来に対して夢がもてない状態。これらは、仮に何かに依存して一瞬、目をそらすことができたとしても、時間が経つと、つらい状況はさらに大きくなってしまいます。依存症の人はさまざまな形で自分を傷つける行動をしますが、最も自分を傷つけている行動は、人に相談しない、ということです。ドラッグを使う人、お酒を早くから飲んでいる人、あるいは自分を傷つける行動をくり返す人たちは、悩みがあっても誰にも相談せず、自分一人で解決しようとします。自分を痛めつける行動で、その瞬間、瞬間を生き延びようとする人たち、こういう人たちが薬物やアルコールに手を出すのです。さまざまな危険があるとわかっていても、手を出してしまうのです。

　もしも、皆さんの仲間で落ち込んでいる人がいたら、声をかけてあげてみてください。「おまえのことが心配だ、何か力になりたい」と。ただ、「オレがおまえの話をとことん聞くよ」というのは、かなり大きな負担になってしまいます。ですから、話の内容によって、自分の手に負えそうにないときは、例えば「学生相談所に一緒に行こうよ。カウンセラーに相談したらいいんじゃない？」と付き合ってあげてください。あるいは、信頼できる教員や職員を紹介してあげましょう。つまり、「気付いて、関わって、でも自分で抱え込まずに、つなげる」ということを、ぜひやってほしいと思います。

　それから薬物の問題の場合には都内ですと、都立の精神保健福祉センターにぜひ相談してください。都内には台東区と世田谷区、それから多摩市と3ヵ所

あります。ここに行って相談してください。あなたの友達がクスリにはまっていて、友達として何ができるか、何か力になれるか、また自分の家族がそういう問題をもっている場合など、精神保健福祉センターは相談に応じます。そこは守秘義務があり相談内容は守られます。アルコールや薬物依存症の特徴は、本人よりも先に周囲が困ります。病院は本人が来ないと治療できません。でも、精神保健福祉センターだったら家族の相談も引き受けます。家族がそういう専門機関に相談に行くことが、薬物依存症の治療の第一歩なのです。ただし、間違っても「家族がこれを使っています」と実物のクスリを持っていってはいけません。持参すると、所持罪が成立します。口頭で相談する分には、決してそこで警察が動いたりすることはありません。安全を守って、その人を専門的な支援につなげることができます。

　相談すると言っても、今まで出会った大人たちはみんな信頼できなかったと言う人もいるでしょう。「何か困っていることがあるんでしょう？」と丁寧に聞いてくれる大人が信頼できる大人です。そういう大人は3人に1人はいます。だから、悩みを抱えたらまずは、3人の大人に相談してみることを心掛けてください。すでにしたけど、全部はずれだったという人がいるかもしれません。これは運が悪かったのです。でも、10人にアタックすると当たりが3つあるはずです。だから、もう1人ぐらいチャレンジしてほしいと思います。

---

考えてみよう

- 海外旅行先で「集中力がアップするサプリがあるよ。ダイエットにも効果あるし」と教えてくれた現地の人に、あなたはどう断りますか？
- サークルの友人が今、はやっているからと危険ドラッグに手を出しているようです。あなたは、友人にどう対応しますか。
- 大学内で、薬物や危険ドラッグなどについて相談できる部署がどこにあるか、知っていますか。場所も含めて調べてみましょう。

# 第5章

# 法・社会・人間

宗像　雄

　法律と聞くと、難しいもの、さまざまな制限を受けるもの、処罰されるもの、と思う人も少なくないでしょう。私たちの生活は、目に見えるもの、目に見えないものも含めてさまざまな法律によって成り立っています。
　大学生になり、アルバイトを本格的にはじめたり、インターンシップとして企業で働いたりすることは、大学卒業後に勤労者になるためのステップのひとつです。同時に、社会人として法律とどう向き合うか、付き合っていくかについて知っておくことも非常に大切です。つまり法的な観点から自分自身の生活や活動について、理解しておくことは、リスクマネジメントの基本であり、自分や自分の家族を守ることにもつながります。
　この章では法律の視点からみた大学生、そしてリスクマネジメントの基礎について学びましょう。

## 1　はじめに

　私は、大学の法学部で法律を学びました。大学1年生のときに、ある先生の講義を聴いたことがきっかけで、法律学に心を奪われました。先生は、当時は大学の先生ではなく、1年目の弁護士という立場で講義をされていました。その講義の内容に、私は強く心を動かされ、以来約30年にわたって法律学の「虜」になっています。

　先生は、「法律家の仕事は、目で見ることができない人間と人間をつなぐ鎖を見つけ出すことだ」と仰っていました。また、先生は、「机に座って本を読んでばかりでは、本当の知識は身に付かない」とも仰っていました。法律は社会のためにあるのだから、外に出て、社会を知らなければならない、という意味です。「道を歩いていても、絶えず周囲を観察する。そして、疑問に思ったことは、その理由を考えてみる。必ず法律的な裏付けがある。これを繰り返すことが、本当の法律の勉強だ」と仰っていました。

　私は、現在弁護士として仕事をしていますが、まさに大学1年生のときに、先生からうかがったとおりだと思います。皆さんが、独りで家の中にいる限りにおいては、法律とは関係がないかもしれません。ただし、家から外に一歩出たとたんに、法律に取り囲まれてしまいます。そういう自覚をぜひもっていただきたいと思います。

## 2　日本における「根本原理」

　私たちは日本に住んでいます。日本には、数多くの法があります。これらの法は、それぞれ無関係に存在しているのではありません。相互に関連付けられ、ひとつのまとまり（論理体系）を構築しています。その法の体系の頂点に位置するのが、憲法です。日本の憲法第13条（前段）は、「すべて国民は、個人として尊重される」と定めています。

　「フランス革命」が始まってすぐの1789年8月26日、人権宣言（正しくは、

「人権及び市民権の宣言」）が制定されました。これは、「人類の不滅の金字塔」と呼ぶべきもの、「人類の宝物」です。その第１条には、「人間は、生まれながらにして、自由であり、権利において平等である」と定められています。上記の日本の憲法の定めは、この人権宣言に由来しているのです。

　「すべて国民は、個人として尊重される」という言葉には、次の２つの意味が含まれています。第１は、人間は、誰もが、「人格」という「至高の価値」をもつ財産を有している、ということです。「人格」とは、わかりやすくいえば、「こころ」ということです。第２は、人間は、誰もが、その「人格」の所有者（オーナー）として尊重されなければならない、ということです。これらは、まとめて「人格原理」と呼ばれています。そして、上記の内容が、日本において文字どおり「最上位」にあるルール、すなわち、「根本原理」です。日本は、この原理に従って、あらゆる仕組みが作られています。

　戦争に敗れた日本国民は、この原理を実現するために「日本」という国を作った、と言い換えてもよいでしょう。この原理を実現し、守っていくことこそが、「日本」という国の存在価値なのです。例えば、『イキガミ』（間瀬元朗著）という漫画があります。「国家繁栄維持法」という架空の法律が制定されている国で、ストーリーが展開されます。ただ、この「国家繁栄維持法」なる法律は、上記の「人格原理」に反するものであって、日本では、法として到底容認されません。

　ところで、立教大学では「キャンパス・ハラスメント防止宣言」を定めています（2008年1月）。この宣言には、次のように定められています。

> 立教大学キャンパス・ハラスメント防止宣言
> 　立教大学は、キャンパス・ハラスメントに対して、断固たる態度でこれを排除し、防止することを宣言します。また「立教大学人権・ハラスメント対策センター規程」に基づき、対応と解決のための制度的な整備を行うとともに、キャンパス・ハラスメントに関する構成員の理解と認識を得るための諸活動を継続的に行うことによって、キャンパス・ハラスメントのない環境作りに取り組みます。

このように、立教大学では、ハラスメントの防止、すなわち、ハラスメントをしてはいけない、ということが定められています。それではなぜ、ハラスメントを行なってはならないのでしょうか。

ハラスメントにはさまざまな種類のものがあります。例えば、セクシュアル・ハラスメント、パワー・ハラスメントなどです。差別も、ハラスメントの一種です。そして、これらのハラスメントは、まさに、上記の2点に関係しています。誰もが「人格」の所有者として尊重されなければいけません。それゆえ、性的な対象として扱われたり、性別によって差別されたりすることは、「人格」は誰しも同じ価値、等しく最高の価値をもっているということと相容れません。そのため、法律的に問題となるのです。

また、近年、個人情報の保護ということが大きな関心を集めています。それでは、個人情報はなぜ保護されなければならないのでしょうか。それは、個人情報が「人格」、言い換えれば、人間らしく生きることに関係しているためです。「人格」に関係しているから、住んでいる場所、結婚している／していない、病歴や通院歴などは、個人情報として、保護されなければならないのです。

## 3 法の意義

ところで、「人格」のオーナーであり、「尊重」されなければならないはずの人間も、現実には、法によって拘束されます。法によって、行なわなければならないこと、行なってはならないことが定められています。また、法を破れば、刑罰その他の一定の制裁（ペナルティー）を受けます。このようなことは、一見すれば不合理なようにも感じられます。それではなぜ、このようなことが認められるのでしょうか。

この点には、「社会」が関係しています。そもそも人間は、たった1人で生きているわけではありません。人間は、相互に「社会」を形成し、その構成員となって、社会の中で生活しています。「社会」とは、「社会共同生活」ということです。ただ、この社会共同生活は、その構成員である人間（個人）に対して、次のような相反する2つの面を有しています。すなわち、一方で、社会共

同生活は、その構成員である個人に対して、相互に利益を与え合う共同関係です。個人は、誰もが、社会の恩恵を受けています。それゆえ、社会を発展させることは、その構成員である個人に大きな利益をもたらします。この意味で、皆さんは、社会の「おかげ」で利益を受けていること、そのありがたさを忘れてはなりません。

　他方で、社会共同生活は、その構成員である個人に対し、相互に損失を加え合う共同関係でもあります。比喩的にいえば、「人格」は、「ショーケース」の中に隔離されて存在しているのではありません。極めて多数の「人格」が「社会」という「容器」の中に詰め込まれています。「社会」とは、多数の「人格」があたかも「通勤電車」のようにひしめき合っている状態にあります。そして、このような状態のもとでは、ある人の行為が、他の構成員に影響を及ぼすことは避けられません。この意味で、皆さんは、社会から不利益を受けることを甘んじて受け入れなければなりません。

　上記のとおり、「人格」の中心にあるのは「自由」です。人間は、誰もが「自由」です。ただ、「自由」であるということは、どんなことでもやって良い、ということではありません。人権宣言の第4条には、「自由とは、他人を害しない限りは何をしてもよい、ということにある」と定められています。「自由」といえども、無限界ではありえません。「社会の他の構成員たちにも同様の諸権利の享受を確保するために設けられる諸限界に」る制限は甘受しなければなりません（同第4条参照）。そもそも、「自由」という言葉には、それ自体として、一定の限界を受けているという意味が含まれているのです。「自由の意味をはき違えている」という表現がなされることがありますが、多くの場合、「自由」という言葉の本当の意味を理解していない、より具体的には、上記のような制限が存在していることをわきまえず、どんなことでもやって良いと誤解している、という意味で用いられています。

　そして、個々のケースにおいて存在する、この制限の内容を定めているものが法です。人間は「自由」です。それゆえ、皆さんは「自由」に行動することができます。このこと自体は正しい。ただし、「自由」には限界がない、何をやっても良いということではありません。「自由」は、あくまでも「他人を害しな

い限りは何をしても良い」という意味なのです。

　以上のとおり、人間が法によって拘束されるのは、法が「社会の他の構成員たちにも同様な諸権利の享受を確保するために設けられる諸限界」を定めているためです。「何事でも、自分にしてもらいたいことは、ほかの人にもそのようにしなさい」(「マタイによる福音書」7章12節)、「自分にしてもらいたいと望むとおり、人にもそのようにしなさい」(「ルカによる福音書」6章31節)。これらは、一般に「黄金律」と呼ばれています。キリスト教では「根本原理」とされています。この内容を裏返しにすれば、「自分が他人からしてほしいと望まないことは、他人にしてはならない」ということになります(いわゆる「否定的黄金律」)。まさに、法は「他人がしてほしいと望まないこと」を定めているのです。あなたが「自由」であるように、他の人も「自由」です。自分の「自由」を主張するのであれば、すぐ隣にいる、自分と同じ価値をもっている人の「自由」も尊重しなければなりません。

　このように、「自由」という言葉は、自分の権利と同様に、同じ価値をもっている他人の権利も尊重するということを前提としています。このことはしっかり覚えておかなければなりません。そして、法がこのようなことを定めているのは、ひとえに社会を発展させるためです。言い換えれば、それによって、社会の構成員である人間(個人)にできるだけ多くの利益を与えるとともに、その損失をできるだけ小さくするためです。

　このように、法は、人間の「自由」を制限するものではありません。もちろん、法によって人間の活動が規制され、制限されることはあります。ただ、法による規制の対象となっている人間の活動は、そもそも「自由」の範疇を逸脱しているものです。法は、「自由」の範疇を逸脱した人間の活動を規制し、制限しているにすぎません。もはや「自由」とは呼べないような活動であるからこそ、法はこれを規制しているにすぎません。むしろ、法が存在するからこそ、人間は、「自由」の範疇を逸脱した他人の活動から、自分の「自由」を守ることができます。法が存在してはじめて、人間による「自由」な活動が可能になります。法は、いわば「自由の守護者」なのです。すなわち、人間(個人)の活動が他の人の「自由」を侵さないように限界を決める必要があります。これ

が法です。法があるからこそ、社会の構成員であるすべての人間が「自由」に生きていくことができます。法というと、「自由」を束縛するとか、「自由」を奪うという受け止め方をしがちなのですが、法のない世界は、常に「力の強い者が勝ち、弱い者が負ける」世界です。これは、実はとても恐ろしいものです。法は、人間に「自由」を提供するためにあるのです。

以上のように、法は、社会を発展させるために存在します。社会を発展させるのは、その構成員である人間のためですので、法は、まさに人間のために存在しているのです。法は人間と社会をつなぐ「絆」なのです。

## 4 社会生活における法

法の存在意義は、社会を発展させることにあります。それゆえ、法と社会とを切り離すことはできません。従って、社会の構成員である個人が法と無関係に生活することは、およそ不可能です。ひとたび家の外に出れば法があふれていて、たちまち法の網の目にひっかかります。人間は、ただ日常生活を送るだけにすぎなくても、法による拘束を免れることはできません。

例えば、皆さんが普段利用しているコンビニエンス・ストアの入口には、必ず「防犯カメラが作動している」旨の紙（ステッカー）が貼られています。コンビニエンス・ストアは、全国に何万店舗もあります。そのすべてに貼られています。もちろん、そのためには多額のお金がかかっています。そうであるからには、このことにも十分な理由があるはずです。

実は、このステッカーは、コンビニエンス・ストアから皆さんに対する契約条件の提示です。コンビニエンス・ストアは、入店を認めるにあたって、「あなたの肖像を撮らせてください」という条件を提示しているのです。そして、皆さんが店内に入ることは、コンビニエンス・ストアに対して、「いいですよ」という意思を示していることになります。条件を受諾して、入店しているのです。見方を変えれば、皆さんは、コンビニエンス・ストアで買い物をする前、その店舗に立ち入る際に、すでに契約を締結している、ということです。その契約とは、個人情報（肖像）の利用に関するものです。法律的には、コンビニ

エンス・ストアが、「防犯カメラ」を「作動」させていること、すなわち、入店者の個人情報（肖像）を記録することを承認したからこそ、皆さんは、その店舗に立ち入った、と考えられています。皆さんは、コンビニエンス・ストアで買い物をする度に、代金のほかに、自分の個人情報（肖像）も提供しているのです。ちなみに、同様のことは、銀行のATMや学校の図書館などでも行なわれています。

　このほかにも、社会では、皆さんが気が付かないうちに契約を締結してしまっているケースが、たくさんあります。そして、そのことがトラブルにつながることも、少なくありません。

　例えばアルバイトです。そもそも「アルバイト」という言葉の語源は、ドイツ語のArbeitです。これは、「労働」という意味です。英語では、part-time jobといいます。元々は法律的には、出勤したときに雇われて退社するときに解雇される、という雇用形態（いわゆる「日雇い」）を指していました。ただ、現在では、必ずしもそのような厳密な意味では使われていません。

　皆さんは、「アルバイトの勤務シフト」という言葉を聞いたことがあると思います。この言葉のもつ意味は重要です。すなわち、上記のとおり、「アルバイト」という言葉をいわゆる「日雇い」を指すものと考えた場合、「アルバイトの勤務シフト」という言葉は意味がわからないものとなります。「日雇い」ということは、働いていないときは雇われていないのですから、「勤務シフト」などあるはずがありません。それゆえ、現在の日本では、「アルバイト」という言葉は「日雇い」という意味では使われていないことがわかります。それでは、どのような意味のものとして使われているのでしょうか。実は、単に普通に雇用している（雇用されている）という意味で使われているにすぎません。「アルバイト」であっても、終身雇用でないだけで、一定の期間に限れば普通の社員と同じです。給料の額や仕事の中身が違うだけで、契約の性質としては、普通の雇用契約です。「アルバイト」といっても「名ばかり」であり、何のためにわざわざその言葉を使っているのか、よくわからなくなっています。

　ただ、雇われている人は、必ずしも上記の内容を正しく理解しているわけではありません。学生の中には、「自分はただのアルバイトだから」と軽く考え

ている人もいます。その結果、すでに「勤務シフト」が決まっていたのに、電話で、一方的に「もう嫌になったから行きません」と言い出す人もいます。そうなると、雇用主は、「おいおい、勝手な行動をするなよ」と怒って、最終的に裁判で損害賠償を請求されるケースもあります。「アルバイト」であっても法律的には「雇用契約」であり、普通に就職するのと変わりがありません。このことは、しっかりと理解しておいてください。また、何らかの契約を締結したことは自覚していても、自分自身がまったく承知していない内容の契約を締結してしまっている、ということも、社会では少なくありません。例えば、ホテルに宿泊するときです。ホテルは、宿泊客のために「宿泊約款」という「契約書」を用意しています。チェック・インの際に特に何も言わなければ、宿泊客はその「契約書」に書かれている内容の契約を締結しています。

　それでは、その「契約書」には何が書いてあるのでしょうか。一例を挙げれば事前に申告した人数を超える人数の人を客室に入れてはならない、と書かれています。チェック・インの際に、「何名でご利用ですか」と尋ねられるのは、そのためです。しかし、学生の中にはこのことを十分に理解せずに、「○○ホテルの部屋を借りたからみんな来いよ」と言って、友達を呼び集めてしまう人がいます。もちろん、このようなことは、「宿泊約款」という「契約書」に書かれている内容に違反することになります。そして、あまりに目に余ると、ホテル側から「契約違反です。出て行ってください」と言われることになります。もちろん、この場合、それに従わなければなりません。ホテルに支払ったお金も戻ってきません。ちなみに、同様のことは電車に乗るときにも行なわれています。

　ところで、その構成員である個人（の意識）が変われば社会が変わります。社会が変われば法の内容も変わります。それゆえ、法の歴史は社会の発展または衰退の歴史に他なりません。そして、法を取り巻く人々の意識は、この数年で大きく変わってきています。以前は、多くの人の意識は、学生に対しては比較的鷹揚でした。「まぁ、決まりは決まりだけど、このぐらいならいいか」ということもありました。例えば、私が大学生だった頃は、「大学生です」と言えば、居酒屋でお酒を飲めました（笑）。店員さんから、「20歳を超えていま

すか。学生証を見せてください」と言われたことはありませんでした。現在では、居酒屋もかなり神経質になってきています。

例えば、学生同士のトラブルは私が大学生だった頃もありました。現在は、当時と比較にならないくらい増えています。以前であれば、学生同士がやったということで比較的穏便に済まされていたところもありましたが、現在ではそうはいきません。すなわち、以前であれば、「そんなの放っておけばいいじゃない」と言って済ませていたものも、現在では、必ずしもそうではなくなっています。さらに、現在では、双方の学生の保護者も、黙ってはいられないとばかりに、いろいろと口を挟んできます。

加えて、学生と近隣住民とのトラブルも増えています。以前であれば、「まあ、大学生だから多少は仕方ないな」と目をつぶってもらえたことも、現在では、そう言ってもらえなくなりました。同様のことは、大学と地域住民との関係でも生じています。以前は、「迷惑することもあるけど、自分たちの近所の大学だから、みんなで応援してやろう」という気持ちをもってくれる人も多くいました。しかし、現在では、必ずしもそうではありません。学校に、近隣住民から「学生が集まって騒ぐ」「吹奏楽の音がうるさい」「ゴミを散らかす」「準備で夜中まで大騒ぎしている」というクレームが届くことは、珍しくありません。あまりに近隣住民の反対が強く、学園祭を自分のキャンパスで開けなくなる、という事態も起きています。

このように、社会が変化すれば、個人の意識は変わります。社会の変化は、「人」という考え方にも、重大な変化をもたらしています。「売買」その他の取引を行なうのは、人間、法人その他の「人」です。ただ、具体的にどのような者をこの「人」として想定するか、という点に関しては、近年、大きくその考え方が変化しました。

明治時代に制定された民法は、すべての「人」を自由で平等（対等）な存在であると考えていました。それゆえ、「自由競争」というプロセスが奨励されました。「自由競争」というプロセスは、「弱肉強食」という結果を生み出します。「自由競争」と「弱肉強食」は、着目するポイントの違いにすぎません。同じ事柄を指しています。そして、これらによって私たちの社会は大いに発展

してきました。

　ただ、社会の発展は、一方でその構成員である人間に不自由と不平等をもたらしました。不自由、不平等といっても、かつてのように、身柄を拘束される、身分による差別が存在する、という意味ではありません。現代における不自由と不平等は、「富」と「情報」の偏在によって生じています。

　それでは、不自由で不平等な人間を、自由で平等に取り扱うとどのような事態が起こるのでしょうか。端的に言えば、「弱肉強食」における「強者の固定化」が生じます。これは、固定された「強者」が「弱者」を一方的に食いものにする、という構図です。そして、このことは社会がさらに発展することを阻害する要因となります。

　そこで法は、このような事態をふまえて、新しいルールを定めました。具体的には、売買その他の取引を行なう「人」を「消費者」と「事業者」に区別し、不自由で不平等な「消費者」を「事業者」から保護する仕組みを作ったのです。平成12（2000）年に消費者契約法が制定されました。この法律には、明治時代に制定された民法が想定していた「人」という概念を変更する、という大きな意味があります。言い換えれば、法自身が、すべての「人」が自由で平等（対等）とはいえないことを、（正面から）認めたことになります。

　この消費者契約法では、「事業者」による「自由競争」が制限されています。ごく簡単にいえば、「事業者」には、さまざまな局面で「消費者」に対する「思いやり」が要求されています。

　皆さんは、「事業者」というのはいわゆる「企業」であるから自分とは関係がない、と考えがちです。しかし、それは正しくありません。企業も、人間によって構成されています。皆さんが、就職すればもちろん、アルバイトをしただけであっても、その行動は「事業者」のものとして扱われることになります。皆さんも、局面によっては「事業者」であるのです。そして、「思いやり」は、現代に生きる人間にとって「法的な責任」でもあるのです。法を知ることは、社会を知ること、人間を知ることなのです。

## 5　法と正義①——法の内容

　ところで、法であればどのような内容のものでも構わない、ということではありません。前述のとおり、法は「社会の他の構成員たちにも同様な諸権利の享受を確保するために設けられる諸限界」を定めるものです。さらに、法の内容は、「正義」に適うものでなければなりません（憲法 31 条参照）。内容が正義に適うものであることは、法の「最低限の条件（ミニマム）」です。それゆえ、正義に反する法、いわゆる「悪法」はもはや法ではありません。このように、法と「正義」とは、いわば「一体のもの」であって、両者は決して切り離すことはできません。

　よって、法であればそれだけで、人間は常にそれに拘束されなければならない、ということにはなりません。法が人間を拘束するためには、その内容が「社会の他の構成員たちにも同様な諸権利の享受を確保するために設けられる諸限界」を定めるものであることを含めて、「正義」に適うものであることが必要です。それゆえ、人間は法として定められた内容について、それが「正義」に適うものであるか否かを常にチェックしていかなければなりません。法であることを理由に、その内容を十分に吟味することなく、無批判に受け容れるような態度は決して許されません。

　見方を変えれば、いわゆる「多数決」であっても「正義」に反することは許されない、という意味でもあります。

　例えば、国家の法は、国会の決議によって作られます。その国会は、国民の代表者である国会議員によって構成されています。国会議員は、有権者の選挙（投票）によって選ばれます。そして、選挙にせよ、決議にせよ、いわゆる「多数決」という方法で決定されます。すなわち、法は、社会の構成員の中で多数を占めている人の意見をもとに作られます。

　このような「多数決」の産物である法も、その内容は「正義」に適うものでなければなりません。すなわち、「多数決」によって出された結論であったとしても、「正義」に反する事柄を内容とすることは許されません。仮に、「多数

決」によって「正義」に反する内容が決定されることがあれば、それはもはや法とは認められません。このように「正義」という言葉は、法との関係できわめて重要な意味を有しています。ただ、「正義」の内容はそれ自体として極めて抽象的です。ごく抽象的に言えば、法は社会を発展させるという目的のために存在していますので、ここでいう「正義」の内容も、社会を発展させるということとの関係で決定されるものであることは明らかでしょう。しかし、このように抽象的に説明することはできても、「正義」の内容を具体的かつ一義的に述べることはおよそ不可能です。それゆえ、「正義」の内容それ自体を明らかにすることはできません。

そこで、「正義」に関しては、どのようにして個々の具体的なケースにおいて「正義」に反するか否かを判断ないし決定するか、という観点から、アプローチすることが有用です。これは、いわば「正義」の「発見方法」です。「正義」に反するか否かの判断は、一般に次のような方法で行なわれます。そもそも、すべての人間は「理性」をもっています。これは造物主（神）から人間に与えられたものです。そして「正義」は、この人間が（神から与えられた）「理性」を働かせることによって（のみ）発見することができる、とされています。それゆえ、「正義」は、「合理的であること」と言い換えることができます。

国家がその構成員である国民（個人）に対して権力を行使する局面についていえば、(ⅰ)不当な目的をもって国家権力が行使される場合は、当該国家権力の行使は、不「合理」であり不「正義」です。また、正当な目的をもって行なわれたとしても、(ⅱ)その目的を達成するために①必要ではない、もしくは②相当とはいえない手段ないし方法が用いられる場合も、当該国家権力の行使は、不「合理」であり不「正義」です。

それゆえ、国家権力の行使が「正義」に反しないといえるためには、(ⅰ)それが正当な目的をもって行使されるものであること（目的の正当性）、(ⅱ)その目的を達成するために①必要かつ②相当な手段を用いるものであること（手段の[広義の]相当性）が、それぞれ必要となります。従って、国家権力の行使が「正義」に反するか否か、いい換えれば、「適正」なものといえるか否かについては、(ⅰ)目的の正当性、(ⅱ)手段の（広義の）相当性（①必要性および②相当性）を検

討することによって、これを判断することができるでしょう。

　例えば、現在、死刑制度の存続の是非について、社会全体を巻き込んでさまざまな議論がなされています。死刑制度に関しては、倫理的ないし宗教的な立場からも、問題提起がなされています。ただ、法律的にみれば、死刑という制度が「正義」に適うものといえるか否か、という点が極めて重要です。そして、この点に関しても、(ⅰ)目的の正当性、並びに、(ⅱ)手段の（広義の）相当性（①必要性および②相当性）の観点から考えることができます。

　皆さんも、誰かの意見の「受け売り」ではなく、自分自身の頭でぜひ考えてみてください。皆さん一人ひとりが考えた結果が、「世論」となり、日本を動かし、死刑制度の存続の是非を決定していきます。

## 6　法と正義② ── 法の適用プロセス

　法に関しては、上記のような法の内容の面に加えて、現在では、どのようなプロセス（手続）を経て法を適用すべきか、ということについても、重大な関心が寄せられています。法の内容はもちろん、法を適用するプロセスそれ自体も「正義」に適うものでなければならない、と考えられています。このことも、上記の人格原理、「すべて国民は、個人として尊重される」ということに基づいています。

　すなわち、人間は「人格」のオーナーなのですから、法を適用して不利益を課す以上は、それに相応しい処遇（待遇）をしなければならないことは当然です。そして、法を適用した結果として導き出される「結論」、すなわち法の内容が「正義」に適うものであっても、その適用にあたって相応しい処遇（待遇）が行なわれなければ、国家は、（全体として）不「正義」を実現することにほかなりません。それゆえ、「結論」とは別に、それに至る「過程（プロセス）」それ自体についても「正義」に適うものであることが要求されるのです。「結論」は、それに至る「過程（プロセス）」が「正しい」ものであった場合にはじめて「正しい」といえます。「結論」さえよければそれでよい、と考えることは許されません。いわゆる「結果オーライ」では通りません。

近年、国家が国民に刑罰を科す手続である刑事裁判に、裁判員という制度が導入されました。これは、被告人が有罪か無罪か、どのような刑罰を科すべきかを決定するに当たって、裁判官に加えて、法律の専門家ではない一般の人から選ばれた裁判員を参加させ、その意見を反映させる、という仕組みです。

なぜ一般の人を参加させることにしたのでしょうか。それは、一般の人を参加させる方がより正しい「結論」に近づくことができる、と考えたわけではありません。国民に刑罰を科すまでの「過程（プロセス）」に、国民自身が参加することそれ自体に重要な意義がある、と考えたためです。すなわち、一般の人を参加させることにしたのは、「結論」に至る「過程（プロセス）」それ自体を「正義」に適うものとするためなのです。

私は、個人的には、現行の制度は内容的に極めて不完全なものであると考えています。ただ、「過程（プロセス）」それ自体を「正義」に適うものとしよう、という考え方には、大いに賛成です。

また、2011年3月に発生した東日本大震災およびそれに伴う原子力発電所の事故を契機として、社会全体として「『安全』と『安心』」ということが叫ばれています。これは、「安全」であることはもちろんのこととして、これに加えて「安心」も必要である、という意味です。それゆえ、「『安心』と『安全』」ではなく、あくまでも「『安全』と『安心』」という言葉が用いられるべきです。そして、この言葉に関しては、「安全」とは「結論」を指すものであり、「安心」とは「過程（プロセス）」を指すものである、と理解することもできるでしょう。「●●マイクロシーベルト」「直ちには身体には危険はない」「摂取しても人体には影響はない」という言葉は、いずれも、単に「安全」であるという「結論」を表現しているだけです。これに対し、地域の住民および国民は、「安心」すなわち、そのような「結論」を導き出した「過程（プロセス）」の開示とその内容の説明を要求しています。

かつて日本には、法に関して、「由らしむべし、知らしむべからず」という言葉がありました。この言葉は、国民に対し「あれこれ考える必要などない。言われたことに黙って従っていればよい。悪いようにはしないから」という意味です。仮に「悪いようにはしない」ということが真実であったとしても、こ

の言葉は、「結論」に至る「過程（プロセス）」それ自体を全く顧みないものであって、現在では到底容認できるものではありません。

現在では、国民には「あれこれ考える」ことが要求されています。そして、国民一人ひとりが「あれこれ考え」て、自分が考えたことについてさまざまな人と議論することによって、「結論」に至る「過程（プロセス）」それ自体が「正義」に適うものとなるのです。

皆さんも、これを契機として、法について「あれこれ考え」て、そして議論してください。それが、社会を発展させることにつながり、人間を幸福にすることにつながっていきます。社会の発展も、人間の幸福も、皆さん一人ひとりが、自分の頭で考えることができるかどうかにかかっています。すべては、皆さん自身の中にあります。

---

**考えてみよう**

- 大学までの通学定期券を購入し、電車を利用して通学するという行為は、あなたにとって法律的にはどのような権利と義務が生じることでしょうか。
- 友人が高額な英会話教材の勧誘に断れず、購入したが支払いができないと困っています。あなたはどのようなアドバイスをしますか。
- 大学内で、クレジットカード破産や法的トラブルなどについて相談できる部署がどこにあるか知っていますか。場所も含めて調べてみましょう。

# 第6章

# 医療情報と大学生の健康

大生定義

　私たちは、テレビ、新聞などのメディアやインターネットを通してさまざまな情報を得ています。特に健康や医療に関してのテレビ番組が多く制作されており、番組で紹介された商品は多く売れるという現象も起きています。またインターネットでキーワードを検索すると、研究機関など実験や調査による明確なエビデンスに基づいたデータから、個人サイトにおける個人的体験談まで複数の情報を入手することができます。情報、とりわけ私たちの健康や医療に関しての医療情報と、適切にまた的確に付き合うスキルを身に付けることは、情報に翻弄されず自らの健康を守ることに他なりません。

　また、人が移動することは、病気も拡大するということです。近年、社会的にも取り上げられることの多い感染症について基礎的知識と対応方法を知っておくことは、海外渡航の機会も多くなる大学生にとって不可欠です。

　この章では医療情報の適切な活用方法と性感染症を含む感染症の基礎について学びましょう。

## 1 はじめに

　私は、内科、中でも神経内科を専門としています。1995年の地下鉄サリン事件のときは、立教大学と同じ聖公会によって建てられた、築地にある聖路加国際病院に勤務していました。カルト団体により地下鉄内で撒かれたサリンは神経ガスだったので、対応マニュアルの策定や被害を受けた患者への対応も経験しました。

　このような体験は大変強烈なので学びも多いのですが、皆さんが大学で勉強するということは、体験できないことも含めて学ぶことで、より多くの情報を得て、自分なりにいろいろな考え方をもつこととも言えます。もちろん社会の状況は変わります。正しかったと思っていた情報がそうでなかったりすることも生じてきます。どのように情報を得て、それを自分の一生に生かしていくか、仕事に生かしていくか、それは今、大学生のときにその方法を覚え、使いこなせるようにすることが必要でしょう。「旅に出るときは魚を持っていくのではなくて、魚の釣り方を覚えて行け」とよく言われます。具体的な情報そのものではなく、それをどうやって入手するか。今皆さんはその入手の仕方を学んでいるのだと思います。

　最初のテーマは、医療情報をどのように判断したらいいかについてです。よく新聞の健康情報に関する広告で「この○○はいい」と書いてあって、その下に小さな字で「これはあくまでも個人の感想です」と書いてあります。これは大きく宣伝しておきながら、「そんなに信用してはいけないよ」とも書いてあるといえるでしょう。このような健康や治療に関する医療情報とどうつきあうかは非常に重要なことになります。

　2つ目は、自律神経と症状についてです。車はタイヤやエンジンなど、パーツの具合が悪くて動かなくなる場合があります。しかし運転手の調子が悪くて車がうまく動かないという場合もあります。その運転手が人間の体でいう自律神経にあたるのです。

　最後に、皆さんに気をつけてもらいたい感染症についても少し触れます。

## 2　医療情報とは

　医療情報を正確に理解できれば、医療を上手に利用できるでしょう。医療情報をきちんと使えるということ、つまり情報リテラシーを身につけるということは、医療に関わるさまざまな取り扱いが上手になるということです。ゲーテも言っていましたが、医者を本当には信頼することができないのに、医者なしではやっていけないところに人間の大きな悩みがあるわけです。さて、「血圧には○○茶がよい」という広告、どう思いますか。結構、大きな会社のものは信用できるのではないかと思っていますか。
　「キノコで癌が消えた」「○○ポリスが有効」という新聞広告をよく見ます。あるいは、通常の病院での治療はまったく効果が無かったのに、△△を使ってがんが消えた、などという話も広告もあります。また広告表現上の規制があるような商品には、「○○が効く」と書いていないことが多いですが、その代わり、「高品質で貴重だ」「オーガニックだからナチュラルで安心だ」と、効果がきちんとありそうだな、良さそうだなと思わせるような工夫がしてあります。情報というのはたいへん重要なものですが、その情報をどうやって判断するかということはさらに大事です。リテラシーというのは読み書きの能力の意味ですが、情報リテラシーというのは、「情報を的確に取捨選択する能力」ということが言えるでしょう。皆さんには、この情報リテラシーの力をつけてほしいと思います。そうすると、「どんな情報が必要か」「これは信用できるか」などを判断することができます。
　情報リテラシーがある人は、実際に医師からの説明についても、それを聞いて上手に自分の判断に役立てることができます。今、医療では、医者の言っていることをそのまま、「そうですか、そうしてください」という形式ではなく、医者がいろいろな情報を提供して、それに対して患者がその情報を自分の人生観などと合わせて考え、「ではこうしてください」と、決断する時代になってきています。ますます情報リテラシー能力が重要になってくるでしょう。
　さて、医療情報は、残念ながらその良い悪いがはっきりしていないことが多

いのです。さらに医療というのは個別性があって、その人その人で違う展開になります。情報が作られ、吟味された患者や病気と、情報を利用しようとする患者と同じかどうかがわからないわけです。あるいは、効いたか効いていないかについて評価するのは難しいことが多いのです。

　自分の経験で効いたからこの薬はいいと言う人がいます。たしかにその人はそうだったかもしれませんが、そうではない人もいるかもしれません。また、そもそも効いたという思いはあっても、本当のところ薬とは関係ない理由で治ったという場合もあります。どうすればよいでしょうか？　1つ目は医療情報の出どころです。2つ目は情報内容が本当に正しいかどうかです。その正しさ、つまり科学的根拠を示す研究のレベルが重要になります。そのことも意識して医療情報を評価してもらいたいと思います。さらには、同じことを言っても伝え方が違うことがあります。クイズを1つを挙げてみましょう。

《クイズ》

　600人の人間が死亡すると考えられる病気が某国で流行しました。某国政府は、次の対策を提案したとします。AとBではどちらの対策が有効か、皆さん選んでください。あるいはCとDではどうでしょうか？

・プログラムA：200人の患者が救われる。
・プログラムB：3分の1の確率で600人すべての患者は救われるが、3分の2の確率ですべての患者は死亡する。
・プログラムC：400人が死ぬ。
・プログラムD：3分の1の確率ですべての人が助かるが、3分の2の確率で600人の患者が死亡する。

　実験の結果、AかBかの選択では、72％の学生がAを選択し、CかDかの選択では、78％の学生がDを選択したそうです。では、どうしてそうなるのでしょうか。私たちは、嫌なことはやっぱり聞きたくないのです。物事を言われるときに、やはり良いことを採りたいものです。簡単に言えば、6割は効くけど、4割は効かないというとき、「6割は効きますよ」と言われたら、やはり効くという方をとって治療を受けるのです。「4割は効かない」と言われると、「ああ、効かないのか」と思ってしまいます。数字の言われ方も、「確率90％」

と言っても、聞いた人は、それがすごく大事だと思えば95％にも思えるし、もっと確率を高くしてくれないと受け入れられないという人の場合だと、90％が70％程度にしか認識できないことがあります。

　人の考え方はいろいろであり、もともとの認識によって、受け取り方が全然違ってきます。このような人間の特性を利用して、製薬会社などは情報の伝え方を工夫します。統計学を学んでいる人はご存じでしょうが、グラフの作成において、表現したいところの何パーセントという部分を大きく見せるためにスケールを変えることもあります。だから、情報はきちんと見なければなりません。ちなみに、医療情報として信頼できる代表的なサイトはMinds（マインズ）です。これは公益財団法人日本医療機能評価機構が運営する医療情報サービスで、厚生労働科学研究費補助金を受けて、2004年5月から一般公開を開始しました。2011年度からは、厚生労働省委託事業「EBM（Evidence Based Medicine, 根拠に基づく医療）普及推進事業」として継続しているものです。項目は順次増えてきています。またMindsは患者向けとか、医療者向けという区別をしながら医療情報を掲載しています。このような信頼できるサイトから、しっかりした情報をまず得ておくことが重要です。このサイトにある情報を見てみると、実は医療というのは簡単には白黒つけられないなということがわかると思います。中を読んでいても、どちらがいいのか悪いのか、わからないようなことが書いてあります。MindsのURLは章末に示してあります。ぜひ、一度アクセスしてみてください。

　ここでは前述しました、科学的根拠ということに関して、医療情報、評価のためのポイントを5つ示します。1つ目は何か医療情報や健康情報があって、これが効くとか、効かないとか言っているとき、それはどういう根拠で言っているのか注意します。示している根拠は実際の研究の結果なのか、単なる体験談みたいなものか、ということです。テレビでよく放送されているものはほとんど体験談と言っていいでしょう。「△△さんがどうだった」「お友達の数人の人にやってみたら、非常に効果があった」というものです。あるいは「これとは本当に貴重な出会いだったと思います」と言ったり、「これはとても離せませんね」などと言ったりしているものはたいてい個人の体験談なのです。その

人たちは本当にそう思っているかもしれませんが、実際にほかに使っている人たちはどうなのでしょうか。あなたが使うとき、ほかの人が使うときはどうなるかわからないのです。そこには、手続きに従って統計的な処理をし、使用者全体の代表者だという保証がないわけです。単に「そういう人たちがいた」というだけです。しかし、「私は治りました！」というのは、とても強い生き生きとした体験ですから、これを受け取る人は信じてしまうことが非常に多いのです。

　例えば、世論調査でも、対象となる集団の選択を誤ると、まったく違う結果が出てきます。1936年のアメリカ大統領選挙結果の予想で、大手の「リテラリー・ダイジェスト」という雑誌では、全米の電話番号帳やメンバーズクラブのリストを使用して、237万人を対象に質問紙を郵送する形式で世論調査を実施しました。同時に新興の世論調査会社ギャラップ（Gallup）社はアメリカ全体の年齢、男女比、所得、教育水準などの比率を出して、それに合うような形で、標本つまり調査対象者を選んで2万人を対象に、面接調査をしました。その結果、当選予測が正しかったのは、ギャラップ社でした。両社の予測結果の違いは、どこにあるのでしょうか。選挙予想のリテラシー社はもともとのリストにある富裕層から情報を得たわけですから、それらの限られた集団の人たちの投票の予測であり、一方、ギャラップ社は幾つかの観点をもとに、無作為にサンプリングしての予測でした。つまり富裕層を中心の対象にするのではなく、国民全体を対象にしています。実際の投票は、アメリカ国民全体が投票しているわけですから、ギャラップ社の予測が正しい結果になるということは自明の理です。

　2つ目はに注意しなければいけないのは、何に対して効いたという点です。動物実験や培養細胞で効いても、人間に効くかどうかわからないのです。医療情報としては、本当に人間に効いているのかという点が非常に重要です。試験管や実験装置の中の事実と体の中の事実が同じかわかりません。

　3つ目は、マスコミなどでよく「〇〇学会で報告がありました」という報道がありますけれども、〇〇学会報告は必ずしも厳密とは言えないものもあるという点です。皆さんは、学会報告なるものはいい加減ではないと思うかもしれ

ませんが、学会では会員はほぼ誰でも研究報告ができるのです。一方、学術雑誌に掲載された論文は、もちろん雑誌のレベルによりますけれども、同じ専門性のある研究者が査読をして、実験や調査の手続きなども含めて科学的に間違いがないか、再現性があるかなどを厳密に審査されたものです。すなわち学会発表と論文掲載では、示された情報や内容がどのくらい厳密なレベルで吟味されているかどうかが違います。しかしマスコミはただ学会報告があったというだけで取り上げたりするので、十分に気をつけたほうがいいです。

　4つ目は、研究のランク、松、竹、梅とか、並、特上、極上のようなランクのことです（表6-1）。研究は研究デザインに沿って行ないます。研究デザインは、研究の方法、研究の手続きが要になります。個々の細かい説明はしませんが、薬の効果判定で説明すると、ある病気の患者さんが何十人とか何百人といるとして、そしてAという治療とBという治療、あるいは、Aという治療をする・しないという方法があります。この時に一番フェアな比較は、それらの患者さんたちを偶然でしか説明できないくらい、ランダムに分けて比較していくという、ランダム化比較試験というものになります。きちんと比較する実験で調べていかないと、本当に効いたかどうかわからないのです。良くなったというのであれば、時間的経過と言いますか、薬を飲ん後に症状が消えたということで、いわゆる「飲んだ、治った、効いた」という三段論法で効いたと判断することがあるかもしれません。しかし、時間的にそういう流れだとしても、

**表 6-1　主な研究の種類とその強さ**

| | |
|---|---|
| 観察研究 | ・症例報告 |
| | ・断面研究 |
| | ・ケース・コントロール研究 |
| | ・コホート研究 |
| 実験（介入）研究 | ・無作為割付比較試験 |
| | （ランダム化比較試験 RCT） |

（さらに個々の研究をまとめたメタ分析という研究もある）

実は薬の効果ではないという場合もあります。たまたまそのタイミングで良くなったかもしれませんし、「薬を飲んだ」ということだけで良くなったかもしれません。薬の生物学的な、あるいは薬理学的な効果で良くなったのではなくて、飲んだことの安心感で良くなったかもしれないということがあります。

　もちろん病気によっては比較試験ができない病気もありますから、難しいのですが、一般には厳密な効果判定は比較試験が必要であり、きちんとした手順があります。先ほど触れましたが、ランダム化比較試験というのが一番信頼できます。

　最後にひとつの研究報告だけでなく、その後その治療が採用されているかどうか、ということもポイントになります。追試が行なわれ、それが正しいということが、次々と証明されていくということです。「効いた」と言われたとき、どういうことで効果があったのか、本当にそうなのか、さらにはどういう根拠からそれが言えるのか、ということを考えながら、いろいろな情報を聞いたり、あるいはそれを取り入れたりしてください。私が伝えている内容も「本当にそうなのか？」と思って構いません。「本当にそうなのか？」と思って読むこと自体、自分自身で評価していくということです。情報を取り入れ、「そうだな」と思っても、また違う場所で勉強したり、あるいは、間違ったことを言っているのではないかと、批判的態度で勉強することは非常に重要です。

## 3　心と体 ── 自律神経と症状

　少し前に、学生さんが頭痛で大学の保健室に来室したという、本学保健室を取り上げた記事が読売新聞に掲載されました。話を聞くと、1日に2、3時間しか睡眠をとっていない日が続き、頭痛があるから脳腫瘍ではないですか、と言ってきたというのです。実は頭痛の原因は、睡眠などの体全体の問題や、肩・首・歯など頭の周辺の問題によることが多く、脳に問題がある人は少ないのです。この場合、本人は睡眠不足が原因だということには思いが至らなかったのです。このように、体の構造上の問題がなくても、生活習慣や生活の問題やストレスによっていろいろな症状がでるのです。「はじめに」で述べたように、

車がうまく動かない＝車体がどこか傷んでいるのではないかという図式になってしまうのですが、実は運転手が悪いということなのです。きちんと車を運転していないから、症状が出てくるのです。

　ストレスと症状の関係はかなり密接です。脳に自律神経の中枢があって、さまざまなホルモンや神経のつながりで調節されていると言われています。不安や快・不快に対して、調節をする中枢が脳にあると言われ、認知した不安などは、自律神経を介して体のいろいろな症状（例えば、血圧が上がる、心臓がどきどきする）として表れます。逆に体を鍛えて、筋肉を動かして血流をよくしていくと、今度は体の調子がよくなり、自律神経がうまく働き、気分がよくなることがあります。心と体の仕組みはわかっていないところも多く、難しいのですが、関連性があるということは、皆さんも実感されているでしょう。いろいろなストレスがかかわってきたときに、人間はそれを元に戻そうという恒常性、バランスを保とうとする機能が働いてきます。その恒常性の働きが強いほど、ストレスに対する防御機構が強いと言えます。ストレス反応は、体調や気温の変化で起こると言われています。「ストレスがかかわってくる」という言い方をしてきましたが、本来は、ストレス反応を起こすものをストレッサーと呼んでいます。

　何か刺激になるもの、体の負担になるものがかかってくると、人間は何とか調節しようとします。これをコーピング（coping）といいます。コーピングがうまくいかなくなってくると、身体的、精神的な反応を起こし、目に見える症状になってきます。そして、それがひどくなると病気になってしまいます。ここで、刺激をどう考えるか（認知的評価）がストレス反応に対して非常に重要となります。

　問題になる認知の仕方というのは、「完全にOKでないといけない」「絶対にこっちだ」という二分法で物事を見過ぎることです。これがあるとストレスに対する適応力は弱くなります。あるいは、1つうまくいかないことがあると、すべてそうなってしまうのではないかと思うような思考法や、悪いことばかり考えて良いことを無視する考え方はよくありません。現代の大学生には、このような考え方をする人が結構います。「どちらでもいいかな」「しょうがないか

な」という考え方ももつことが大切です。同じように避けたい考え方として、「マイナス思考」もあります。「全部否定的に思い込んでしまう」「物事が悪いほうにいくと考えてしまう」という思考方法は注意したほうがよいでしょう。それから、物事を過小評価したり、拡大解釈したりすることにも気をつけなければなりません。決めつけてしまうこと、これもよくありません。それから、「こうすべきだ」という思いが強すぎると、結果として自分も相手も苦しめることになります。もちろん、向上しようという気持ちは大事なのですが、現実的には、すべてをクリアに思い通りにすることはできません。私たちはいろいろな考え方をもちながら皆で一緒に生活していますので、「だいたいでいいんじゃないの」と考えることも重要です。決めつけと同じですが、レッテル貼りという言葉で表現される行動もありますし、物事に関してこうだと決めつけて、それができないことを責めるということがあります。

これらの考え方は、ストレスになりやすくなる認知の仕方です。受け止め方、認知の仕方を変える、つまり少しやわらかく考えるとか、良い方向に考えるといった受け止め方をすると、心身の状況も変わってきます。物事というのは受け止め方でいろいろ変わる、ということを覚えておいてください。自分で上手に受け止められないこともあるかもしれません。そのときは、学生相談所などを活用して相談することが重要です。

うまくいかないことがあっても、「別な視点で考えてみよう」とか、あるいは自分と違う意見をもっている人がいても、「すべての人の立場に一理ある」という考え方をもってもらいたいと思います。いろいろな人がそれぞれの立場でさまざまなことを言い合うのが現実の人間関係の世界です。相手の言うことを、「なるほど、そうかもしれない」と、いったん受け止めてみましょう。最終的には自分の判断になりますが、このような姿勢をもつことができると、比較的穏やかに過ごすことができると思います。

このような調整がうまくいかないと、いろいろなところの調子が悪くなり、病院を受診すると「自律神経失調症」と診断されることもあります。この自律神経失調症は、実は正式な医学用語ではないのですが、このような状態はとても多いです。自律神経失調症とは、車体よりも運転手に問題があることです。

運転手である自律神経が失調、つまり調子を崩すと、車体の調子が悪くなってくる、ということです。

　自律神経は、交感神経と副交感神経からなり、これらは脊髄のそばを通っていることや、脳幹にあることはわかっていますが、実は上位の脳にも中枢があると言われています。自律神経は、体温とか、睡眠とか、血圧など、いろいろな生体を保つ機能に関与しており、体中を自分の意志と関係なく知らないうちに、調節してくれるものです。

　内臓は交感神経と副交感神経の両方に支配されている、二重支配という状況にあります。自分の意志とは関係なく働く神経で、「心臓よ、脈をたくさん打て」と命令しても、そうなりません。好きな人に会うとドキドキしたりするのは、自分で脈を多くしろと言っているわけではありません。自律的な調節で、脈拍が多くなったり、少なくなったりします。意志と関係なく働く神経系なのです。これが、各臓器に交感・副交感の両方あり、交感神経が働く場合と、副交感神経が働く場合と、相反する作用で支配をしています。従って自律神経の障害が出ると、脈が多すぎたり、あるいは血圧が下がりすぎたり、いろいろな症状が出てくるわけです。例えば、副交感神経が高まると、瞳孔が小さくなったり、脈拍が落ちてきたり、血圧が下がったりします。消化管の運動を少し元気にして、いろいろな栄養をとってお休みのモードになります。交感神経のときと逆です。交感神経は、戦いのモードの神経ですから、目はらんらんと輝き、血圧は上がって、脈も多くなって、お腹の動きは、ゆっくりとなるという感じになります。

　車にたとえると、アクセルのような働きで、戦いのモードになるのが交感神経で、ブレーキのような働きをするのが副交感神経と言えます。一般的に昼間に活発になるのは交感神経、夜に活発になるのは副交感神経です。自律神経によって自然と、夜はお休みのモードに入るわけです。ところが、生活が乱れてくると、交感神経と副交感神経のサイクルがおかしくなります。自律神経の調整が悪くなると、いろいろな体の症状、体の調子がおかしくなります。これが前述の自律神経失調症ということになるわけです。そしてさまざまな症状がでてきます。頭の症状、顔、耳、のど、胸、お腹など、どこの部位にも症状がで

てくる可能性があります。また、手足のしびれ、発汗、体温調整にも症状がでてきます。睡眠はそもそも自律神経が調整していますから、よい睡眠が得られなくなります。従って、自律神経が上手く機能していないと、頭痛や肩こり、トイレに何度も行きたくなる頻尿というようなことも起こってきます。精神的な不安定さも生じます。

ですから、生活のリズムや、日常生活上のストレス、ホルモンバランスあるいは元々ストレスに弱い体質などが、絡みあって、いろいろな程度、組み合わせで症状が出たり引っ込んだりすることが起こるのです。

私たちが変調を自覚するのは、多くは体に出てくる症状です。この症状から逆に省みて、生活のリズムやストレス、そしてストレスを上手にはねのける認知の仕方をしているかどうかを確認し、対応することが重要になるでしょう。また環境を調整すれば症状が良くなる場合がありますので、そのようなことにも気をつけてみてください。

## 4 感染症について知り、自分を守る

病気（疾患）は外的要因と、もともとの性格や身体的特徴などの内的要因の双方の合わせ技で起こってくると考えられています（図6-1）。図に示すように感染症は、内因要因すなわち体の感染に対する抵抗力も関係ありますが、多くは外側から入ってきたもの、つまり外的要因で構成されることが多い病気です。外側から来る細菌などの病原体のために病気になるということです。これは、細菌がたくさん入ってくるとか、あるいはすごく強力なウイルスが入ってくるなど、量や毒力ということもありますが、人間がどれだけそれをブロックできることによって感染が成立するかどうか決まります。ある生物の中にほかの微生物が住み着き、肺炎を起こしたり、いろいろな困った症状が起きたりしたとき、一般に感染と呼びます。感染で起こった病気のことを感染症と呼びますが、微生物が定着はしているが症状を起こさないという場合もあります。通常は病原性のない微生物は、お腹にたくさんいたり、皮膚についていたり、口の中にたくさんいたりしますので、人間の体は無菌ではありません。たくさん

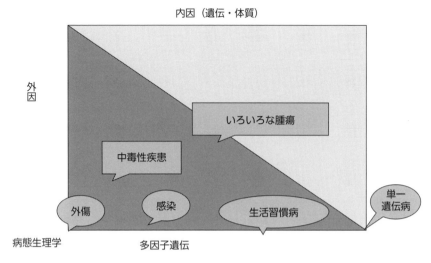

図 6-1　疾患は外因と内因の総和

の菌が体の中にいて、その菌のおかげで外から入ってくる悪い病原微生物を追い出してくれることも起きています。感染しても、その病原体を入れない、あるいは病原体を殺してしまう状況があれば、治ることになります。また、治らないまでもずっと持続する場合もありますし、あるいは、感染が起きているがまったく症状がでない軽い感染に終わるものもあります。つまり、感染の転帰にはさまざまなパターンがあるということです。

　さらに、病気によっては発病と感染をことさらに区別することもあります。体の中に入ってきて増殖するのは感染ですが、発病するのは困った症状をだすというものです。その例としては、結核があげられます。結核は結核菌が体の中に入っています。感染の証拠にツベルクリン反応は陽性になります。さらに進んで肺結核や腸結核を発病すれば要治療の患者です。ですから、結核の場合、ツベルクリン反応陽性の感染者は非常に多いけれど、身体の中に長い間静かに潜んだままで過ぎ、実際に発病するのは高齢になってから、ということがあります。

　感染が成立したときに、宿主が死んでしまう場合、治る場合それから潜伏す

る場合があります。死んだり治ったりというのはわかりやすいと思います。潜伏感染の例は、子宮頸ガンウイルスです。今予防接種が話題になっています。子宮頸ガンは、ウイルスがずっと潜伏して、体の中にいて、それが少しずつ少しずつ増殖し、細胞に変化を加えてガンが発症してきます。微生物が入ってきて、死んだり、治癒したりするだけではなく、ずっと体の中に残っていて悪さをしてくるという場合もあります。

　病原体にはいろいろな種類があり、その種類によって治療する薬が違っていたり、感染の起こり方が違っていたりします。病原体による分類以外にも、感染にはいろいろな分類があります。どこからうつるものか、侵入経路、どんな感染源で起こるかなどによって分類をして予防や治療に役立てるようにしています。

　大学生が実習やボランティアなどで、介護施設など、いろいろな施設に行く際には、「感染の3要素」というのが大事になります。**①感染源となる微生物の存在**（感染したヒトや動物、排泄物、環境など）、**②感染経路**（空気、接触、飛沫など）、**③感染を受けやすい人**（高齢者、新生児など）の3つを指します。多くの人が行き交う実習先の施設などには感染したヒトや排泄物など感染源となるようなものがあります。手、水、空気など、いろいろな感染経路があり、ウイルスなどは受け渡されます。基本的には、感染源をなくせば感染は起こりませんし、感染の経路をちゃんとブロックすれば感染は起こりません。感染経路に関しては、表6-2に示すように結核や麻疹（一時にはしかともいわれます）などのような空気を介して起こる空気感染、インフルエンザなどのようなくしゃみなどの飛沫で感染する飛沫感染があります。飛沫感染の場合、飛沫が来ないところは感染しません。接触感染では、病原体についた皮膚や粘膜、病原体をふくむ血液・吐物・便などに触らないとうつらないという場合もあります。ちなみに、AIDSを起こすHIVウイルスは、血液や精液などを介してうつるものです。感染症は、どんな病気でどういう風にうつるかということを理解することにより予防できるのです。

　また感染を受けやすい人を守れば感染は起こりません。従ってウイルスなどの病原体をブロックすれば感染は成立しないので、実習先などの施設に行った

表6-2 主な感染の経路

| 空気感染 | 飛沫の水分が蒸発した飛沫(エアロゾル)が、飛沫核(直径約5μm以下)となって空中に浮遊し、それを吸い込むことで感染。〈代表的な疾患〉結核、麻疹、水痘など |
|---|---|
| 飛沫感染 | 会話やくしゃみ・咳などをしたときのしぶき(飛沫:直径約5μm以上)を吸入して感染。飛沫は1メートル以内の距離を飛んで床に落下する。〈代表的な疾患〉かぜ、インフルエンザ、レジオネラなど |
| 接触感染 | 皮膚や粘膜にいる病原体が手指や被服など介して感染。〈代表的な疾患〉MRSA、疥癬など |
| 経口感染 | 病原体に汚染された水や食べ物、手指などが口に入ることで感染。〈代表的な疾患〉腸管出血性大腸菌感染症(O-157)、ノロウイルス、A型肝炎、赤痢、食中毒など |
| 血液感染 | 血液の中の病原体が注射や傷口への接触などにより、体内に入ることで感染。〈代表的な疾患〉B型肝炎、C型肝炎、エイズなど |

ときは、感染源の可能性があるものや感染経路を考え、手をよく洗うことや、感染源を触った手でほかの人に触れないこと、あるいは、吐物があれば吐物をきれいに処理することで、感染が起こらないように予防できます。

　予防接種も大事です。例えば、麻疹やおたふく風邪は感染力が非常に強いのですが、1回かかると抗体ができて二度とかかりません。罹患の時期によって軽く済むこともあります。麻疹などは大人になってかかると大変なことになります。肺炎や脳炎を起こしたりすることもあります。これらの疾患には、予防接種により、罹患することなく前もって免疫力をつける処置をします。通常、ワクチンを注射して体の中に抗体をつくって、ウイルスや菌が来ても抗体を

持っているから感染が起こらないようにします。この予防接種のおかげで今までいろいろな病気を克服してきたのです。しかし、いったん克服してしまい、ある感染症がまれな疾患になると、予防接種によって獲得した免疫が感染症の流行を抑制していることを忘れてしまいがちです。そこで、予防接種をしなくてもいいとなってしまいますと、国民全体の免疫力が落ちている状態になり、その病原体が入ってくると大流行が起こってしまう可能性が高くなるのです。個人個人を守るだけではなく、社会全体を守る上でも予防接種は非常に重要です。

## 5　麻疹・風疹・性感染症

　麻疹には、10日から12日の潜伏期間があります。感染した人に触れて、しばらく時間がたってから、風邪のような症状（上気道炎症状）になります。さらに目が充血したり、目やにがでてきたりします。乳幼児の場合はお腹の症状がでることもありますが、多くは重篤にならず、病院で「麻疹ですね」と言われて治っていく治療経過をたどります。特徴としては、口腔中に白い斑点ができ、その後、発疹がでたりして、自然に治っていきます。昔は乳幼児期に、知らない間に感染して治ってしまい、その後はかからないという状況でした。全国的に予防接種が行なわれるようになって、麻疹は減ってきました。すると、今度は、予防接種をしていないと麻疹の抗体ができないという状況が生じました。麻疹はすごくまれな病気になってきましたから、「もう予防接種はしなくても大丈夫かな」という人が多くなってくると、今度は他から誰かが麻疹をもってくると、大流行する状況になりました。乳幼児期に麻疹にかかったり、予防接種を受けたりしていないままで大人になって麻疹の抗体がない場合、重い症状になります。乳幼児期ですと比較的軽症で済みますが、成人の場合は、前述のように肺炎を起こしたり、脳炎を起こしたりして重症化して死んでしまうこともあります。最近では、大学に入学する前に予防接種を受けるよう連絡します。現在、予防接種ワクチンはMRワクチンとか、MMRワクチンといって複数の疾患を兼ねたものが行なわれています。風疹のワクチンと一緒に接種する

ことが多いのですが接種率が低く、数年前、麻疹の大流行が起こりました。そのときから、中学や高校のときに麻疹の予防接種を受ける対応がとられました。ですから、今の大学生の大部分は、麻疹の予防接種を受けていると思います。2009 年から 2010 年頃、日本は麻疹に対しては後進国であり輸出国だと言われ、国際的には急ぎの対応を求められました。

　もう一つ気をつけてもらいたいのが風疹です。ご存じだと思いますが、風疹も麻疹に似たような発疹や経過をたどります。そばに風疹の人がいた場合、感染から 2 週間から 3 週間の潜伏期があり、その後、発熱と発疹、そしてリンパ腺が腫れてくる症状がみられます。風疹は、耳の後ろのリンパ腺が腫れるのが特徴です。従って、風疹が疑われるときには皮疹を診たり、リンパ腺の状態を診たりして診断します。

　さて、風疹で特に問題なのは、妊娠前期の妊婦が風疹に感染すると、胎児に異常がでることがあることです。先天性心疾患など心臓の病気になったり、難聴になったりします。最近では、2012 年から 2013 年にかけて風疹が流行しました。先ほどの麻疹と同じで、風疹のワクチン接種を受けていない人が増えています。将来の妊娠を考えると、女性はこういう抗体を持ってもらいたいわけですが、男性もうつさないようにするために、予防接種を受ける必要があります。抗体があると思う場合は、抗体の測定をして、どのくらいあるかを見てから、風疹のワクチンをするかどうか考えてもいいです。仮に風疹の抗体があってもワクチンを接種して大丈夫です。風疹が心配な人は、最初から予防接種をしたほうがいいと言っている医師もいます。

　予防接種ワクチンが確立されている病気に対しては、予防接種を受けて、感染しないような準備をしておきましょう。特に海外渡航はじめ、いろいろな土地に行くとさまざまな病気があります。渡航するときはその国の感染症に対応する予防接種を考えるといいと思います。

　最後に性感染症についてです。性感染症は、性交渉に伴うもので、主に生殖器の感染です。主な性感染症としては、従来から有名な梅毒スピロヘータに加えて、クラミジアといわれる病原体や細菌の仲間の淋菌、ウイルスのヘルペスです。クラミジアや菌、ウイルスというのは、病原微生物の分類の違いです。

大きさや増殖の形式も違います。

　性感染症に罹患しないようにする基本は、やはり予防です。例えば、性行為に際してコンドームで直接性器や分泌物に触れないようにすれば、感染し難くなります。コンドームの使用には避妊の意味もありますが、ピル避妊法では感染は防御できませんので混同しないでください。血液や精液などに直接触れないことが大事ですから、やはりコンドームを使用して直接触れないことで性感染症を防いでもらいたいと思います。

　HIV（AIDSの原因ウイルス）についてですが、ウイルス抗体の検査が非常に進んできています。しかし、感染から検査するまでの時間によって、抗体検出がしにくい時期もありますので、疑わしい場合は何回か調べて、確実に感染しているかいないかを判断しなければいけません。最近はHIV・AIDSに関しての治療法の進歩が著しく、早期に感染を見つけられれば、医療事情のよい国々では昔のようにすぐに亡くなるということはもうありません。次第に10年、20年あるいはさらに天寿を全うできるような状況になってくると思いますので、もし疑わしい場合はきちんと調べて治療を受けましょう。日本は明確な治療法と、それに対する経済的な保証がある国です。アフリカの国などは、薬が高いですから、貧しいためにそういう治療も受けられず亡くなっていく人たちもいます。

　クラミジアも多くなってきました。無症状のまま感染がずっと拡がることも起こります。また、若年女性に多いことが特徴です。症状としては尿道炎や、子宮の炎症が多いのですが、子宮から腹膜に来て、肝臓のそばまで感染が進行することもあります。性交渉で感染した可能性があるようでしたら、それをきちんと相手に話して、病院を受診して調べてもらってください。男性がクラミジアを持っていて女性にうつすとか、その逆のこともあります。クラミジアには、しっかりとした治療法がありますから、パートナーと一緒に治療を受けることが大事です。

　ヘルペスの感染症についてですが、一般的にはウイルスを治療する薬はまだ限られていますが、ヘルペスウイルスには治療薬があります。水ぶくれだとか、性器に潰瘍だとかが起こってきたら医療機関に相談してください。なお梅毒は

放置するといろいろな症状を起こしますが、抗生物質を使えば治癒します。何か心配なことがあれば早めに治療を受けることが重要です。

　最後に避妊のことです。大学生ともなると性活動があるかもしれませんが、男性も女性も、きちんと避妊のことを考えてください。女性にとって、予定しない妊娠は想像以上の心身の大きな負担になることが多いです。ですから、今すぐ妊娠したいというとき以外は、しっかりと避妊をしなくてはなりません。確実な避妊法を選択することです。いろいろな避妊法がありますが、やはりコンドームの使用がいいと思います。さらにパートナーと協力することが大変重要です。望まない妊娠をしたら人工妊娠中絶をすればいいと考えている人はいないと思いますが、人工妊娠中絶は、女性の体に大きな負担となります。また国によっては犯罪となる場合もあります。日本の法律でも無制限に認めているわけではありません。ある一定の事情があれば認める、となっています。従って人工妊娠中絶というのは、本当に非常事態の方法であるということをよく知っておいてください。

■ 参考サイト ■

①Minds（マインズ）http://minds.jcqhc.or.jp/n/

― 考えてみよう  ―

・効果があるといわれるサプリメント、あなたは自分が使用する前にどのような情報を得たいと思いますか。
・インフルエンザを予防するために、感染経路を念頭におくと、どのような対策が効果的でしょう。
・大学内で、自分の健康状態や病気のことなどについて相談できる部署がどこにあるか知っていますか。場所も含めて調べてみましょう。

# 第7章

# 食を通して考える健康

時友正子

　私たちは毎日食事をしています。物を食べること、呼吸で酸素を取り入れることによって、私たちの生命や身体は維持されますし、活動もできるのです。食事は栄養の摂取だけでなく、生活の大きな要素でもあり、そこから楽しみや満足、人とのつながりも得ています。毎日の食事は現在の、そして将来の私たちの健康や生活の質を作ります。さらに、私たちが食べている食物には、世界の自然や社会と関連し、多くの人が関わっています。食物を通して世界を考え、人生を考えることになります。

　今、実際のわたしたちの食事はどうなっているでしょう。お金や時間や労力を他のことに回して食事がおろそかになったり、行き過ぎたダイエットをしたりしてはいないでしょうか。生き生きとした大学生活を送るには健康が大切です。

　この章では、何をどのように食べていけばいいのかについて知識を得て、食べることと生きることについて改めて考えて見ましょう。

## 1　はじめに

　私たちが健康に生きていくためには、体が基本となります。その体を作るのが、食べるという行為であり、食物です。管理栄養士という立場から、食事を通して皆さんの健康や、これからどう生きていきたいかを一緒に考えてみましょう。
　食べることは生きていくための源で、人は成長や発達、運動、生命維持をするために、必要な栄養を摂っています。そして、栄養素を摂るだけでなく、目で見たり、香りをかいだり、舌で味わったり、食感を感じたり、音を聞いたりして、五感を通して味わい、安らぎや喜びを得ます。食べることは心の健康にもつながります。心身ともに健康な生活を送るために、食べることはとても大事です。
　授業に先立って、皆さんの食生活状況についてアンケートに答えていただきました。その結果を紹介したり、そこに書かれた質問に答えながら話を進めていきます。

## 2　食と自然や社会との関わり

　人と食物には、いろいろなことが関わっており、人間活動の営みはすべて食事につながっています（図7-1）。
　食事作りについて、まず考えるべきことは素材の調達です。日本の食料自給率はエネルギーベースで約40％です。18歳から20歳の人の1日に必要なエネルギー量はおよそ2,000キロカロリーといわれていますが、そのうち日本で作られたものは40％しかありません。ということは、世界の政治や気候が全部、私たちの食べ物に関わってきます。私たちが毎日食べている食品の原料の小麦やトウモロコシは、ほぼ海外から買っています。日照りや山火事といった世界の気候や自然の状況が農作物に影響し、TPPへの参加問題や円相場などの政治や経済が生産や貿易に影響して、私たちの食べ物にはね返ってきます。

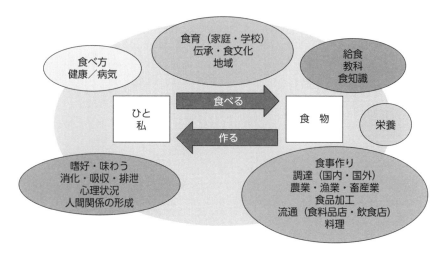

図7-1　食を通して考える健康

　それから食卓に上る食物の6割は加工品が占めています。それをどのように選んだらよいでしょう。そのためには食品がどのように作られるか知る必要があります。
　また、食育の中には、地域、伝統、慣習や宗教、食文化があります。いろいろな国や地域の食事を知ることが、その国や地域を知る入り口になります。
　食べ方について、アンケートの結果を見てみましょう。まず寝る時刻です。24時までに寝ているのは、男子6%、女子11%です。8割ぐらいの人たちが24時を過ぎて寝ています。また、食事時刻が決まっていない人たちが結構いますし、自宅外生の半分は朝ご飯抜きです。それに引き替え、間食は多くの人がしています。食事を摂るきっかけは、習慣より空腹感だということです。朝起きてお腹がすいたなという感覚がありますか。朝起きてご飯を食べて、授業に出て、お昼を食べて、活動して、夕ご飯を食べる。食事が生活のリズムを作ります。朝ご飯は一日の活動のために必要です。ぜひしっかり食べてください。

## 3　現在までの食環境

　これまで何を食べてきたかについて考えてみましょう。もっとも多くを占めてきたのが家族の食事です。病気になって食事療法をしなければいけない人たちに「何を食べてきましたか」と聞くと、たいてい「普通ですよ。普通のものを食べてきましたよ」と言います。食事は、他人と比べることがあまりありません。その人にとっての「いつもの食事」は一人ひとり違います。自分は普通だと思っていることを、人に驚かれたことはありませんか。「昨日の夕食はカップラーメン。夜中の1時に一人で食べました」。それは普通の食事でしょうか。自分にとっての普通の食事とはどういうものか考えてみてください。

　アンケートでは、昨日の夕食は外食だったという人が4人に1人いました。「ファミリーレストランがわが家のダイニング、コンビニエンスストアが私の台所」と言われてもう久しいですが、外食をすることも増えてきています。夕食を食べなかったという人も少なくありませんでした。夕方から夜にかけてのアルバイトで夕食を食べ損ねることがあるようです。皆さんの食卓はどんなものでしょうか。

　給食もありますね。小学校や中学校で給食が楽しかった人はどのくらいいるでしょうか。楽しみだったり、苦しみだったり、そのように食べてきたものが今のあなたを作っています。嫌だなと思いながら食べたものは、本当にいい栄養になっているでしょうか。「おいしい、もう一度食べたいな」という感覚をもっているでしょうか。

　甘い、塩からい、酸っぱい、苦い、辛い味。そして私たち日本人の舌には「旨み」という西洋の人にはわからない味覚が発達しています。味覚を感じる味蕾は、胎内で8週目、まだ人としての形態がないときにもうでき始めています。日本人の舌には味蕾が8,000個あると言われています。1つの味蕾には50から100の味覚細胞が存在しています。それらを全部使って、おいしいと感じて食べるのです。

　食卓での会話はどうでしょうか。高校までは家族皆で食べていたかもしれま

せんが、今は家族と食事をしていますか。1970年代ごろまでは、おじいちゃん、おばあちゃん、お父さん、お母さん、子どもたちの家族皆で食卓を囲んでいましたが、1980年ぐらいからは経済状況の変化もあり、子どもだけの食事が増えてきました。個食といわれる、一人で食べる食べ方が問題になってきています。一人で食べるのは、袋に入ったパンなど、粉でできているものが多くなります。そして、1、2品で終わってしまい小食になります。

家族だけではありません。友達や仲間、地域などで人々と一緒に食べることも大切です。一緒に食べることは人々の連帯意識を高め、絆を育てます。

厚生労働省が毎年「国民健康栄養調査」を行なっています。平成22（2010）年度の調査結果を見ると、幾つか問題点が出ています。まず、20代女性の痩せ傾向です。平成12（2000）年から平成22（2010）年の10年間に痩せの領域に入る人が23％から29％になっています。3人に1人が痩せすぎです。反対に、20代から60代の男性については肥満者が増えてきています。平成12年では28％でしたが、平成22年では31％を超えています。20代では20％ぐらいですが、40代以降では35％を超えており、生活習慣病の予備軍になっています。

もう1つの問題点は朝食の欠食率です。15歳から19歳の男性では15％ぐらいですが、20歳から29歳になると朝ご飯を食べていない人が30％です。女性の場合は、15歳から19歳は14％ですが、20歳から29歳では29％になっています。これは年々上昇の傾向にあります。高校までは欠食はほとんどしていませんが、朝食の内容を聞くとやはり品数が少ないです。食パンと牛乳の軽食だったり、好きなものだけを食べたりしています。朝の食事は栄養を摂るだけでなく、腸への刺激にもなりますし、噛むことで脳に刺激を与えます。食べた栄養素が吸収される際にエネルギーに変わり、熱になって体温を上げ、体の動きを助長します。

## 4　食教育

食教育は一生のテーマです。まず子ども時代は発育の食育です。食べ物がどうやって作られ、どこから来るのかを学びます。子どものときに、どんなもの

を食べたら安全か、危険かを知る能力をつけることも大事です。

　小学校から高校までの取り組みでしたら、家庭科で栄養素を習い、調理実習をやり、というあたりですが、高校で調理実習をやった人はどのくらいいますか。3分の1ぐらいですね。5大栄養素を言えますか。小学校5年生で習いますが、タンパク質、炭水化物、脂肪、ミネラル、ビタミンです。バランスのよい食事を考えるときに、食品群という考え方もあります。昔の技術家庭の教科書を持っていたら見直してみてください。家庭や技術の教科は大学入試の科目に入っていません。点数で評価しにくい分野ですが、生きていく上で大切な知恵が詰まっています。

　働き盛りの世代になりますと、生活習慣病の予防が重要になります。シニア世代では健康維持です。平均寿命とは別に、健康寿命という数字が出ています。寝たきりとか要介護状態になっていない人の平均年齢です。現在、平均寿命と健康寿命との間におよそ10年の差があります。10年間は誰かの世話にならなければならないということです。長く生きているのに、自分の意志で生活がコントロールできないということがないように、今から自分の生活をどうするのか考えてください。自分が80歳になるなんて考えてみたこともないかもしれません。でも、人の人生で決まっているのはただひとつ、死ぬことだけです。いつ死ぬか、どう死ぬか。5年後の自分は、10年後の自分はどうありたいか。親の年齢の頃にはどういう風になっていたいか、自分のおじいちゃん、おばあちゃんの年齢ではどうなっていたいか。体が健康で、やりたいことをやれるか、どのような生活の質にするか。そういうことを今から、少しずつでもいいですから考えてください。それは全部、今食べることに関わってきます。

　では、各食品をどれだけ食べ、献立の立て方はどうしたらいいのでしょうか。ここで目を向けてもらいたいのが残菜、食べ残しです。今日のお昼に食べた食堂のランチは、お皿がきれいになりましたか。世界では7秒に1人が飢えて死んでいます。食べ残さないことが大事です。残さない工夫をしましょう。冷蔵庫の中に何が入っているか、ちゃんとチェックしていますか。食事の前にお菓子を食べてお腹をいっぱいにしていませんか。残った食品を再加熱して作り直すなどの工夫をしていますか。食べ残しは年間で約11兆円あると言われてい

ます。すごい量が食べ残されているのです。

　食品を選ぶときに、毎日食べているものがどこから来るか、誰が作っているのかを思って食べてください。食品の鮮度を見分けられますか。自分の食べられる分量を知っていますか。買いすぎて冷蔵庫の中で腐らせたりすることがないようにしましょう。それから、加工食品についている表示、冷凍食品などの認定証のマークの意味がわかりますか。電子レンジのマークなど調理方法が統一されて説明されています。自分が買ってきた箱や袋の後ろをちょっと見て、何が入っていて、どこで誰が作っているか、どう調理をしなければいけないか、ぜひ気にしてみてください。

　食品添加物も気になります。1日で食べる食品添加物は、だいたい80から100品目と言われています。ビタミンCとかコチニールなど天然のものが1,000品目以上あります。赤色104号とか106号など化学合成されたものも300品目ぐらいあります。先ほども言いましたように、食卓に上るものの6割が加工食品ですから、食品添加物を摂ることは仕方がありません。1人当たり年間4キロの食品添加物を食べていると言われています。こんなに摂っていて大丈夫かと思われるでしょうが、人の体は結構丈夫にできています。でも、食品添加物は肝臓で分解しますので、肝臓が疲れているときに摂り過ぎると、体を傷つけますし、疲れを修復するのに2〜3倍以上の時間がかかってしまうことを知っておいてください。

## 5　これからどう生きていきたいか

　自分のこれからの人生をどういう風に生きていくか。自立して、自分を律するためには知識を得ることが必要ですが、それを知恵にして、実践するかしないかで大きな差になります。

　食べ物の情報をどこから取っていますか。家族、本や新聞、テレビ番組といったところでしょうか。今日はNHKの番組でアジを取り上げていましたから、食卓にアジが乗る家が多いでしょう。そのように食生活はメディアの情報などにものすごく左右されます。お料理本、月刊誌、タレントが書いた本、社員食

堂の本、学生食堂の本などたくさんの情報があります。有名な社員食堂の本はもう 500 万部買われています。

　メディアには「悪いニュースは良いニュース」という言葉があります。「○○が悪いです」と警鐘を鳴らす番組が多いですよね。メディアの言うことに、「そのまま信じていいのかな？」と疑問をもってください。情報は商品ですので、受け入れられることが第一で普通のことは価値が低いのです。「危険です、要注意です」と警鐘を鳴らすと、読者や視聴者が引きつけられます。重要な役割でもありますが、危うさもあることをわかっていてください。後からその情報が誤っていたことがわかっても、誰も責任をとってくれません。○○がいいらしいと摂り過ぎて、皮膚が荒れてしまったとします。そのときに、テレビで言っていたことを信用したからだといっても、賠償してはもらえません。また、情報には「最初に結論ありき」ということがあります。「これがいい」と言うために、都合のいいデータをもってくるとか、ほんの一握りの人の体験談を載せるとかということもあります。食品を食べることは化学物質を食べることです。効果があるとされる食品成分も、量や摂り方、条件が揃わないと、効くどころか健康被害をもたらすことにもなります。企業の報告も情報源になりますが、企業の目的はそれが売れることですから、感覚が主になることがあります。「○○を摂るだけで大丈夫です」というようなことは疑ってみてください。

　食の安全についても考える必要があります。食べ物を提供する人は、体に悪いものは入れないというのが前提ですが、異物混入の事件など、あってはならないことが結構あります。それから食中毒です。2011 年は食中毒で亡くなった人が 11 人います。O-157、カンピロバクター、寄生虫の感染など、新聞などでニュースになりますので、そういうことにもアンテナを張ってください。海外旅行先で、地元の人が火を通して食べているのに、日本での習慣を持ち込んで生で食べて、寄生虫をもらってしまうこともあります。その地域で食べられている方法をよく観察してください。また有機農法が流行っています。農薬を使わないことを売りにしていますが、食べる前によく洗浄するとか、火を通すことが必要になる食品もあります。

　提供する側は「これは安全です」と言います。でもその「安全」が安心にな

るかというと、一致しないこともあります。例えば、福島の原発事故後の放射能問題など、安全だと言われても安心につながらないのはなぜかと考えると、リスクが少ないという科学者の考え方と、われわれがもっている感情との間にギャップがあるからかもしれません。情報を発信する人と同じ価値をもっているか、同じ目線に立っているか、目標を共有しているのかが問題になります。食べるものに対しては特に、それを提供する企業と自分の価値観が一致しているか、共有しているかがとても大事です。それについてはコミュニケーションをしていくしかありません。「だって好きなんだもん」というだけで食べるのは要注意です。科学が発達してどんどん新しいものが出てきますが、それがいいか悪いかは日々人体実験しているようなものです。時間がたたないと評価がはっきりしないので、新しいものもいいのですが、全部受け入れてしまうのはやめたほうがいいと思います。1日にとる量が少なければ大丈夫かと思いますが、何年か後に悪いということがわかったときにはすでにダメージが大きくなっているということにならないよう、そればかりに突き進むのではなく、少し留保しておくのがよいでしょう。

　世の中の経済状況が悪くなってきていて、学生の生活も厳しい状況になっています。立教大学第13回学生生活実態調査によると、食費の支出額は2002年から2010年で4,700円減っています。携帯電話の通信費などの支出が増え、食費を削っているのが目立ちます。そのような状況ですから、自分で作って自分で食べることを実践してはいかがでしょうか。食事づくりには2つの「ソウゾウ」が必要です。想像、「こんな味のこんな料理を」とイマジネーションを働かせる。それから創造、自分の手でクリエイトするということです。昨今は「簡単にできる」ことがひとつのキーワードになっています。コマーシャルの謳い文句にもよく出てきます。でも、何でも電子レンジでチンして手軽にできる調理スタイルがよいのでしょうか。私たちにとってそれは進化でしょうか。私は違うと思います。イマジネーションを働かせて自分でクリエイトすることはとても大事です。

## 6　消化のメカニズム

　人の体の消化器官は、口から食道、胃、十二指腸、小腸、大腸、肛門まで、ずっと管がつながっています。およそ 10 メートルあります。消化の第一歩は口の中で始まります。虫歯は治していますか。歯でよく噛んで、唾液をよく混ぜるのがよいです。一口で 30 回噛みましょうと言われていますが、それはちょっと無理としても、歯が痛かったりすると余計にできません。虫歯は治してください。歯磨きをするときに、自分の歯や舌の状況を鏡に映して観察したことはありますか。ぜひ舌の状況も見てください。歯医者さんたちが「8020 運動」と言っています。80 歳まで 20 本の歯を残しましょうということです。そうすれば生涯自分の歯で食べられるということなのです。

　人の体の組成はおよそ、水が 68％、タンパク質が 14％、脂質が 12％になっています。体重 60kg の人だと、40kg は水です。その水は筋肉の中にあります。タンパク質は 9kg、脂肪は 7kg ぐらいです。ですから水はとても大切です。血液もリンパ液も、体の栄養素も老廃物も全部、水によって必要なところに運ばれたり、体から出ていったりしています。

　人間の体の骨は、個人差はありますが、およそ 20 歳から 22 歳で完成されて骨格が決まります。身長が伸びるのもその辺りまでです。けれども、骨自体は入れ替わっていますから、カルシウムを入れなければなりません。カルシウムの 99％は骨や歯にありますが、あとの 1％は血液の中にあります。その濃度が下がると人間は生きていけないので、下がってくると骨や歯からカルシウムを収集します。ですから、血液検査でカルシウム濃度を測っても全身の骨格のカルシウムの状況はわかりません。ちゃんと 1 日 3 回食べて、タンパク質も、カルシウムも、ビタミンも、脂肪もとって、適度な運動をすることが必要です。ウォーキングを 1 日 30 分以上やっている自信のある人はいるでしょうか。大学の中を、校舎から校舎へ歩いて 10 分、それを 3 回行ない、ちょっと運動が足らないなと思ったら、駅でエスカレーターを使わないで階段を歩いてみてください。意識して歩いてください。

また、今まで日本ではビタミンDの不足についてあまり言われていませんでした。日光浴をしないとカルシウムを吸収するビタミンDの働きがよくなりません。小さいときから日に当たらないように育てるのが流行っていますので、日光浴の必要性も強調しなければなりません。1日30分でもいいですから日光に当たってください。
　特に女性の場合は、妊娠や授乳、更年期というライフステージによって、あるいはストレスなどで骨の量が変わってきます。骨密度を測るチャンスがあったら、測ってみてください。今の自分の状態を知ることはとても大切です。一度測ったらそれでいいということではなく、何年かに一度は必ず測ってください。男性も、特に運動している人はぜひ測ってみてください。
　腸の調子はいかがですか。男性の場合は下痢が多く、女性の場合は便秘が多くなっています。生活状況調査の結果では、毎日便通のある人は、女性では半分ぐらいでした。消化して排便するまでは24時間が目安です。毎日口から入れているのですから、やはり毎日きちんと出すことが大事です。大腸に便がたまった状態を便秘といいます。日に1回くらいなら心配ありませんが、1週間に1、2回では腸内にたまった便がエサとなって腸内細菌の悪玉菌が増殖し、アンモニア、硫化水素などの腐敗物質やガスを発生させます。おならが出たり、便が臭いのは腸内に腐敗物質がすでにたまっている証拠なのです。これを放っておいて便秘が続くと、腐敗物質は腸壁から吸収され、血液中をめぐり、肌荒れ、大腸がん、潰瘍、免疫系の疾患など、さまざまな病気の原因ともなります。
　人の便は、80％が水分ですが、残りの3分の1が食べかす、3分の1が生きた腸内細菌、3分の1が剥がれた腸粘膜です。便1グラムに約1兆個近い腸内細菌がいます。体重の1キロ分は腸内細菌です。乳酸菌やビフィズス菌などの腸内細菌が注目され、いろいろなヨーグルトやサプリメントが出ています。腸は、十二指腸、小腸、大腸と分かれています。小腸は、食事成分の消化分解、栄養成分の吸収をし、病気に対する免疫を活性化させます。長さ6〜7メートルで、表面積はテニスコート一面分もあります。大腸は、便を作って溜めておく所です。長さは1.5メートルです。正常に働いていれば発酵がおこるのですが、便秘などでは腐敗がおき、体の調子が悪くなります。

胃の中の胃酸は歯も溶かすほど強力な酸です。口から入れた乳酸菌が胃酸を通過して腸に到達するのは5〜30％ぐらいだと言われています。食品に100兆個の乳酸菌が入っていても、それが全部腸に到達するわけではありません。ですから、調子が悪いときにだけヨーグルトをいっぱい食べるとか、お腹にいいと言われているものを食べるかというのではなく、毎日摂ることが大事です。腸内細菌バランスは、食生活・運動・ストレスなどの影響で、日々変化しています。自分の便を観察することが大事です。

## 7　ダイエットについて

　痩せたい人が多くなってきていますので、骨粗しょう症についても解説します。寝たきりになる重要な要素のひとつです。女性の健康年齢と寿命との差は、骨が弱くなって、筋肉がやせて、それで寝たきりになったり、介護が必要になったりします。骨は新陳代謝しますので、密度の高いまま維持できるようにしっかり食事で調整してください。痩せすぎると運動能力が低下します。体脂肪の数値に一喜一憂する人もいますが、体脂肪はエネルギーの貯蔵庫です。脂肪が低くなれば、頑張りが利かない体になるので、適正な脂肪率、20％ぐらいを維持しましょう。ダイエットしてまず落ちるのは水分、次に筋肉と骨です。脂肪を落とすのはなかなか難しいのです。よほど運動をして、きちんと管理しない限り脂肪は落ちません。ダイエットをしてリバウンドして、またダイエットをして……とくり返さないことが大事です。

　ある人が「一番楽なダイエット方法を教えてください」と相談に来ました。話を聞くと、これまで何度もダイエットをして、そのたびにリバウンドしてきたそうです。毎日の食事は時刻が不定で、朝は週に3回ぐらいしか食べず、お腹がすいたら間食をし、夕食は11時ぐらいにちょっとパスタを食べるという状況でした。これではダイエットはできません。食べるものを頭で考え、夜は寝る3時間前には食べ終わりましょう。食べ物が体の中できちんと消化されて、胃の中が軽くなった状況で寝ないと、次の日に胃が重くて朝ご飯がおいしくなくなります。楽なダイエットはありません。自分の頭で考えて食べ方をコント

ロールしなければダイエットはできません。

　見るからに肥満でなくても、隠れ肥満と言われる状況もあります。隠れ肥満というのは、筋肉が少なくて細く見えるけれど、脂肪の量が筋肉の量よりも多い状態です。

　血液検査で貧血と言われる人も多いかもしれません。機会があったら血液検査で血液の状況を調べてもらってください。

　美しさは何によって決まるのでしょう。ひとつは姿勢や表情です。美しさを作るのは個々のパーツではなく全体です。姿勢だけでも全体の見た目は変わります。背中を丸めていたのが、背筋を伸ばしただけで全然印象が違ってきます。人に会ったときに、きちんとした姿勢をしているか、いい表情をしているかが重要になるのです。次にバランスです。同じくらいの身長と体重の二人を並べても、全然感じが違うということがよくあります。同じ身長と体重でも、脂肪や筋肉の量のバランスで見え方が違ってきます。骨、筋肉、脂肪、皮膚、それら全体のプロポーションが美をつくっています。化粧品も大事ですが、メイクが映える肌を作ることも考えてください。毎日食べるものを粗末にして上辺を飾っても、それは美とは縁のないものです。

　筋肉も大事です。筋肉がつくようにタンパク質も摂らないといけません。筋肉はエネルギーを使いますので、エネルギー源を摂らないとたるんできてしまいます。筋肉にエネルギーが溜まっていないと冷え症が出てきます。

　美しさにはホルモンも関係しています。1滴のホルモンが人間の体全体をコントロールします。そのホルモンも食べ物、ビタミンやミネラルなどが入らないと作られません。食べないダイエットはホルモンのバランスを崩し、栄養失調になったり、女性では月経の不順も出てきたりします。

　食べることイコール太ることだと思っている人がいますが、食べることは皆さんを生き生きとさせることです。ですから、知恵をつけてバランスよく食べてください。太らないように食べればいいのです。

　アンケートで、「どうやったら痩せますか」「簡単にできるダイエットはありますか」という質問が多くありました。女性だけでなく、男性も関心をもっています。ダイエット関係の本や番組は多数あります。では、痩せてどうしたい

のでしょうか。「タレントのようになりたい」「あの洋服が着たい」でもいいですが、それで幸せになれるでしょうか。ダイエットは何のためにするのかという目的をきちんと定めて、その目的のために自分はどのように食べたらいいかということをいろいろな点から考えていく知恵をつけてください。

　ダイエットとの関連で、スイーツの上手な食べ方をお話します。1日に何回も食べてはいけません。そして、夜ではなく日中に食べてください。食べるときは無造作に食べるのではなく、しっかりスイーツに向き合って食べてください。器に移して、目でよく見て、じっくり味わって食べてください。何かをしながらだらだら食べてはいけません。それから、甘い飲み物は避けてお茶類と一緒に食べてください。できれば噛み応えのあるものがよいです。リンゴとか、かりんとうとか、歯を動かすものを食べてください。そして、我慢しすぎもよくありません。甘いものは心を豊かにします。疲れたときの甘いものは本当に幸せです。幸せな気分になれるツールの1つと考えて、食べ過ぎももちろんですが、我慢し過ぎず、自分でコントロールしていくことが大事です。

## 8　おわりに

　食は積み重ねです。骨は3年で入れ替わっていきます。血液の中で酸素を運搬する赤血球は、およそ120日で入れ替わります。皮膚はだいたい10日ぐらいで入れ替わってきます。新陳代謝をしているのです。体は60兆個の細胞の集合体です。それが新陳代謝をするためには、材料を入れなければいけません。口から入れる食物と呼吸でとる酸素が私たちの体を作っています。今日の食事が明日のあなたを作ります。夏にのど通りのいい水ものばかり食べていると、冬に風邪をひきやすくなります。毎年、冬に風邪をひいている人は、秋口から食事を見直してください。必ず体は変わります。人と比べることはありません。食べ方は生き方です。どういう風に生きたいかを自分で考えて、自分に自分で責任をもつ。そのためには、体が資本ですから、自分の健康は自分で守っていかなければなりません。日々食べる物を大事にしてください。

　図7-2は、今日食べた物を○×でチェックするものです。ひとつの目安と

して使ってください。そして、食べるときにどんなことに気をつけたらいいかを 19 項目挙げました（図 7-3）。「栄養バランスのとれた食事と言われてもわからない」という人は、1 品の量は少なく、品数を多く食べてください。カレーライスを食べるなら、カレーライスは少なめにして、サラダをつけて牛乳を飲むとか、そうして品数を多くします。特に野菜を食べることを意識しましょう。今、厚労省では 1 日 350 グラム食べましょうと推奨していますが、皆さんだいたい 100 グラムぐらい足りていません。「結構食べています」という人でも、やはり足りていません。それはサラダで野菜を摂ることが多いからです。生野菜は空気を食べているようなものです。自分が食べたのは何グラムだったのか考えてみてください。お皿の上で主菜の肉や魚などに対して、見た目で 3 倍ぐらいが目安です。

　皆さんからの質問に、偏った食事を摂ってしまった後のフォローはどうしたらいいかというのがありました。3 日間ぐらいで、1 日に食べた量に調整してください。脂肪のものをいっぱい食べ過ぎてしまったときは、お野菜のものを 3 日間ぐらい平均して食べてください。今日の朝に何を食べたかすぐに言えますか。今日の朝はこれを食べた、昨日の夜はあれを食べたと、3 日分ぐらい意識してみてください。それだけで随分食事の摂り方が変わります。

　お酒の飲み方と飲むときの食べ方についての質問もありました。お酒は糖質です。ご飯と同じだと考えてください。ただ、お酒は最終的に肝臓で分解されますから、肝臓に負担がかかります。お酒から入らないようにしてください。たいてい、お通しで「乾杯」と飲み始めますが、まずは少しお腹にものを入れて、食物と一緒にアルコールが消化できるようにしてください。特にお酒に弱い人は、会に出かける前にお腹の中に脂肪の量が多いものを入れておいてください。牛乳やヨーグルトがお勧めです。ダイエットを考える人は、油もののおつまみをさけましょう。ピザや鶏の唐揚げより焼き鳥や冷や奴や生野菜、フライドポテトより肉じゃがです。

　飲み方としては、少しずつ飲むのがよいです。また、一升飲んでも平気な人もいれば、少しの量でも真っ赤になって頭がくらくらする人もいます。人によっては、アルコールを全然分解しない人もいます。自分の体をよく知ることが大

## 自分でチェックしましょう
## 今日どれだけ食べましたか

一日にこれだけ食べましょう

| 食品群 | 血や肉になる | | | | からだの調子をよくする | | | | 力や体温になる | | |
|---|---|---|---|---|---|---|---|---|---|---|---|
| | 乳製品 | 卵 | 肉・魚 | 豆製品 | 緑野菜 | 淡色野菜 | いも | 果物 | 油脂類 | 穀物 | 砂糖類 |
| おもな食品 | 牛乳<br>スキムミルク<br>チーズ<br>ヨーグルト | 鶏卵<br>うずら卵 | 牛肉・豚肉<br>鶏肉・魚<br>鯨肉・ハム<br>ちくわ・貝<br>かまぼこ<br>ソーセージ<br>佃煮 | とうふ<br>みそ<br>油あげ<br>なっとう<br>煮豆 | ほうれんそう<br>こまつな<br>にんじん<br>ニラ<br>かぼちゃ<br>ピーマン | キャベツ<br>きゅうり<br>玉ネギ<br>トマト<br>わかめ<br>しいたけ | じゃがいも<br>さつまいも<br>さといも<br>やまいも | みかん<br>りんご<br>バナナ<br>いちご<br>なし<br>ぶどう | テンプラ油<br>サラダ油<br>マヨネーズ<br>バター<br>マーガリン | 米<br>うどん<br>そば<br>もち<br>小麦粉<br>パン粉 | さとう<br>ハチミツ<br>ジャム |
| 分量(g) | 200-250 | 50 | 100 | 80 | 100 | 200 | 50~100 | 200 | 15 | 210 | 10 |
| 目安量 | 牛乳 1~1¼本 | 鶏卵1個 | 魚1切(50g)と肉50g | みそ汁1杯ととうふ¼丁 | おひたし1皿(60~80g)にんじん50g | サラダ1皿煮物1皿 | じゃがいも中1個 | りんご1個 | 植物油大さじ1杯強 | ごはん3杯と食パン1枚 | さとう大さじ1杯 |
|  |  |  |  |  |  |  |  |  |  |  |  |
|  |  |  |  |  |  |  |  |  |  |  |  |
| 日にち |  |  | 魚　肉 |  |  |  |  |  | 揚げもの | 酒 | 菓子 |

一日の目安量食べたら ◎　　　　左の印を記入して　　　　　　この欄は食べたときに
半分位なら ○　　　　　　　　　×や●が続かないように　　　○印をつける。
ほんのひと口なら △　　　　　　食べてください。　　　　　　料理名・食品名を書く。
食べない ×　　　　　　　　　　　　　　　　　　　　　　　　この欄も続かないように。
食べすぎは ●

自分でチェックすることで、偏りが防げます。

図7-2　チェックリスト1

## Let's Check it
### こんなことから気をつけましょう！

食事と生活をチェックしてみましょう。チェックが入らないところを重点的に注意しましょう。

- ☐ ① 栄養バランスのとれた食事をとる → 品数を多く、1品の量は少なく。
- ☐ ② 野菜をたくさん食べる → 主菜（肉・魚など）の3倍量を目安に。まず野菜から食べる。
- ☐ ③ 肉は食べ過ぎない、魚を意識して食べる
- ☐ ④ いろいろな食品を食べる → 好きでも同じものを食べ続けない。いろいろなメーカーのものを。
- ☐ ⑤ 油っこい食事を控える
- ☐ ⑥ 塩分を控える
- ☐ ⑦ 添加物や農薬の少ない食事をとる
- ☐ ⑧ お酒を控える
- ☐ ⑨ 摂取する総エネルギーを控える
- ☐ ⑩ 1日3食食べる
- ☐ ⑪ 毎日同じ時間に食事をとる
- ☐ ⑫ 1日の食事量が夕食にかたよらない
- ☐ ⑬ 間食を控える
- ☐ ⑭ 何はともあれ、食べ過ぎない
- ☐ ⑮ 夜遅くに食べない
- ☐ ⑯ よく噛んで食べる → 歯の定期点検を。虫歯は治療する。
- ☐ ⑰ 自分の年齢、生活健康状態にあった食事や生活をする
- ☐ ⑱ 家族や友人と一緒に食事を楽しくとる
- ☐ ⑲ 気分転換に運動を → まずは歩きましょう！　姿勢良く大股で。階段なども利用して、今より1,000歩多く。

図7-3　チェックリスト2

切です。自分は飲めるからといって、人に強要するのはもってのほかです。

　食べ方は生き方です。自分の健康は自分で守るものです。自分の道は自分で切り開くしかありません。でも、助けも必要です。大学には専門職のカウンセラーや医師や保健師がいます。専門職の人は知識や技術を持っていて、そのことで社会に貢献しています。もし何かわからないなことがあったら、自己判断で突き進むのではなく、そういった専門の人たちを利用してください。聞くことで簡単になることがたくさんあります。

　おいしく楽しく食べて、生き生きと健康で、充実した大学生活を過ごしてください。

■ 参考文献 ■

①足立己幸　食生態学関連書
②辨野義己　2014『見た目の若さは、腸年齢で決まる』PHP研究所
③松永和紀　2007『メディア・バイアス－あやしい健康情報とニセ科学』光文社
④服部幸應　食育関連書

---

考えてみよう

・この3日間で何をどのくらい食べたか、思い出して書き出してみましょう。
・これまでに思い出に残る食事はどのようなものだったかを思い返してみましょう。
・10年後、20年後……60年後の自分はどのような生活をしていたいか、思い描いてみましょう。

# 第8章

# 大学生のメンタルヘルス

安宅勝弘

　第1章で触れたように、大学生は発達上の区分で示せば青年期に属します。ユング（Jung, C. G.）によれば、人生の夏の時期です。友人関係や行動範囲が広がり、またインターンシップや就職活動などを通して、大学卒業後の進路についても考えるようになります。青年期は、その後に続く成人期への移行期ともいえるでしょう。従って、将来の自分について悩んだり迷ったりする時期でもあります。
　このことは、大学生のメンタルヘルスにも大きな影響を及ぼします。うつ的な状態に陥ったり、精神症状に現れたりすることも少なくありません。このようなとき、適切な援助を求め、対処することが何よりも大切です。
　この章では、大学生のメンタルヘルスについて、その実際と対処について学びましょう。

# 1　青年期という時期

　人間の一生の中で、それぞれの時期にメンタリティやメンタルヘルスに関わる問題や課題がさまざまにあります。皆さんのおかれている大学生という時期は、青年期の真っただ中ですが、そういう時期について振り返ってみたいと思います。

　皆さんはもう既に経験していると思いますが、大学に入ってからの自分の生活の場の広がりは高校までとは随分違うでしょう。高校まではおそらく、家庭や学校など、閉じた社会の中での人間関係が中心だったでしょうが、大学になると一気に自分よりも上の世代の人との関わり合いが増えてきていると思います。また、学校だけではなくアルバイトなど社会の場でもいろいろと活動していると思いますが、そういう場面では自分が意識している以上に、周りから大人として見られる、大人として扱われることが増えているでしょう。こういう時期は、「自分とは何か」と自己のありようを模索して確立しようとする時期です。確立されるのはもう少し先の時期かもしれませんが、少なくとも模索し始める時期です。

　この時期のテーマはアイデンティティの確立です。自我同一性が形づくられる時期で、これがうまくいかないと、自分のとるべき立場とか役割が拡散してしまうリスクがあります。これは多くの人が一時的には経験するような危機です。また、モラトリアムという言葉を聞いたことがあると思います。社会に出る前の今の時代は、社会的な責任を実質的に負うことが猶予されている時期です。それで模索が許されますし、卒業後に、自分がどういう仕事に就くか、どういうキャリアを築いていくかということも意識し始め、それに合わせて実際の活動を始めるかもしれません。すると当然、そういうことに伴う人間関係の中で自分が果たすべき役割とか、所属している組織の中で要請される役割が生じ、責任もともなってきます。そこで、それに伴うストレスが生じることになります。ストレスはその種類も程度も広がってくる時期だと言えます。

## 2　ストレッサーとストレス

　ストレスの原因となるものを心理社会的ストレッサーと言います。これにはいろいろな切り口があります。人間関係の上で被るストレスには、例えば、家族関係の中では、親子、きょうだい。あるいは、もう少し上の年代になると配偶者とか、親族との関係。外では、学校や会社など所属している組織での関係があるでしょう。大学では教員や先輩後輩、会社なら上司や部下、同僚との間などいろいろな葛藤や問題が広がります。また、身近な人を予期せずして亡くしてしまう、あるいは、関係が急に壊れたり遠のいたりする事態が生じることもあります。心理学ではそれを「対象喪失」と言いますが、こういうことはとても大きなインパクトをもちます。またわれわれは人との関係に伴って、役割を担っています。家族で言えば、親に対しての子どもの役割がありますし、きょうだいの中での役割もあるでしょう。それから、学校や職場で担っている役割があります。そこでは担っている役割に応じた働きができているか、そのために必要な能力をきちんと研いでいけるかといったことが問題になってきます。そして、人間関係での対象喪失と同様に、この役割を失うという局面も人生の中では生じてきます。卒業するとか、職を失うとか、定年退職も、何十年と培ってきた役割から解放されるのは他人には喜ばしいことと映るかもしれませんが、その人にとって核になっていたものが急になくなってしまうという意味では、役割喪失の危機になるかもしれません。家族で言えば、一生懸命育ててきた子どもが成人したり結婚したりして親元を離れていくのは、親にとってみると、子どもの自立を目指し育ててきた結果なわけですから喜ばしい一方で、どこか悲しかったり、寂しかったりします。

　生物学的な次元で言うと、われわれには、いろいろな本能や欲求が湧き上がります。それをそのままの形で行動に移したり、満たしたりすることが、社会生活を送る上で問題になることがあります。例えば、生物の本能で言えば、食欲、睡眠欲、性欲がありますが、これらをところ構わず満たそうとすれば社会生活上、問題になります。欲求に基づく行動には、一定のルールや理性的なコ

ントロールが求められますが、それを妨げられることが、時にストレスになり得ます。あるいは、集団生活をして社会を構成する人間の場合、何かを所有するとか、誰かを支配するとか、権力をもつとか、こういったことに対する欲求も、人によって程度は違うかもしれませんが、うまく成就できないとか、妨げられることが大きなストレスになり得ます。さらに、物理的なストレッサーとしても括られますが、生活環境の問題、公害や環境の問題は、人間にとってストレスになります。

　こういったストレスは、ある意味避けようがないというか、皆さんが生きていく中で多かれ少なかれ必ず経験をする類のものだということがわかると思います。こうした中、我々はできるだけ心の健康を保ち、病気にならないよう、中には意識しないでそれができる人もいるかもしれませんが、バランスを保つことが必要となります。

## 3　青年期にみられやすい病気 ── 対人恐怖と社会不安障害

　青年期は、いろいろなストレスを完全には避けきれません。特に、社会や人間関係の場に根ざした問題の現れ方が多くなります。日本には昔から、その代表的なもののひとつとして対人恐怖という概念があります。これは対人場面で生じる強い緊張や不安、また、それが相手にわかられてしまう、あるいは、自分がそのことで相手を不快にさせているのではないかという考えにとらわれるあまり、その対人場面を回避するなど、その人の社会生活に支障を来すような状態のこと言います。

　これは日本に独特な病態とされてきました。精神医学の診断の分類には、操作的診断基準という世界共通のルールブックのようなものがありますが、その中でこの対人恐怖は日本語がそのままローマ字で "taijin kyofu" と載っています。それは、特定の文化的背景をもつ社会で問題となる文化結合症候群（Culture-bound syndrome）という括りの中で、日本には対人恐怖なるものがあるとされていました。「とされていた」というのは、最近、文化的背景が比較的近いアジア圏では、この対人恐怖にかなり近い病態が広くみられることが

知られてきたからです。また、この後に解説する社会不安障害という概念が出てきてからは、これをその中に包括してしまおうという立場もあります。

　昔から日本で言われていた対人恐怖には、具体的な症状の表れ方によって下位分類があります。1つは赤面恐怖です。自分の顔が赤くなってしまうことに対する神経質さ、恐怖感と言ってもいいでしょう。他人に対するときに、自分の顔が赤くなっていないか、それを他人に察知されていないか、あるいは赤くなっていることについてのとても強い本人のこだわりです。こうしたこだわりは、程度の差はあれ皆さんも感じるかもしれませんが、これが気になるあまり社会生活に支障を来す状態になると赤面恐怖になります。また、視線恐怖というのもあります。自分の目線のもって行き場に関する意識やこだわりが非常に強くなってしまい、相手のどこを見ていいかわからない、あるいは他人に見られているということをめぐる不安や恐怖です。自分の視線、目のやり場についてのこだわりによるものを、とくに自己視線恐怖ということもあります。

　自分の外見が他人よりも劣っている、醜いと思っていることにとらわれてしまう人がいます。これを醜形恐怖といいます。これは女性にも男性にもあります。他人からみると全然そんなことはないし、気にならないけれども、本人にとっては耐え難いのです。醜形恐怖と診断される人は、むしろルックスの整っている人が多いと言われるぐらいです。本人が醜いと感じている基準（理由）やそれゆえの苦しみは、他の人にはなかなかわかりにくいことも特徴といっていいかもしれません。

　自己臭恐怖というのは、自分が他人を不快にさせるようなにおいを発しているのではないか、ということについて過剰にとらわれてしまうものです。においには色も形もなく、外見よりさらに、とらえどころがない不安でもあります。ある種の精神病の始まりの時期に、このような自分のにおいに対する敏感さが極端に強くなる場合があります。

　社会生活に支障を来すレベルになると病気といってもいいのですが、今挙げた類型の中で、「そういう感覚って何となくわかる」「そういうことが気になった時期が私にもある」という人もいると思います。これはそんなに珍しいことではなく、多くの人が一時的には経験する心性とも言えます。1960年代から

70年代の日本では、この対人恐怖は青年期の神経症の代表的な類型でした。当時から精神科医や心理学者が、どういう背景でこういうことが起こるのかをさまざまに論じています。自分が他人にどう見られるかということへのこだわりと同時に、他人に見せたくない内面が露呈してしまう、さらけ出されてしまうことへの恐怖がそこにはあります。弱気な面と強気な面の両方があるというか、対人恐怖の人は、他者からの評価をすごく気にする気弱な人のようで、実は内面ではとても頑固だったり、自分に対する意識の強さが秘められていたりします。それが、外に見せている自分と内側で感じている自分とのギャップとなって、本人にとっては非常につらくなります。

このようなことは、関わる社会的な場面の広がりやその深まりが背景にあって生じてきます。ですから、思春期や青年期の早い時期に問題となる、"他者と対峙する自己への不安"と言い換えることができます。これらは、いわゆる引きこもりの背景となる場合があります。

ところが、最近の精神科の臨床の場では、説明したような赤面恐怖や、醜形恐怖、自己臭恐怖の典型的な患者さんは昔ほど多くなくなったと言われるようになっています。1980〜90年代以降、どうも対人恐怖は病像自体がソフトになっている、軽くなっていると論じる研究者もいます。昔で言う視線恐怖、醜形恐怖、赤面恐怖といった言葉を変えて、ふれあい恐怖とか、軽症対人恐怖、外見評価恐怖という言葉を提唱している先生もいます。これに関係していると考えられるのは、昔は人とコミュニケーションをとるのは面と向かうか、せいぜい電話、手紙でやりとりをする、つまり生身で対峙するしかなかったのが、今はメールやLINE、SNSなど、コミュニケーションのツールが非常に多様化していることです。生で対峙しなくても人とコミュニケートする手段がいくらでもあります。こうした状況の変化に応じて不安、緊張の表れ方も変わってきているのかもしれません。

最近はむしろ、社会不安障害という言葉のほうが一般的かもしれません。これは、部分的には対人恐怖と重なります。特に症状の面で言うと、かつて日本で言われていた対人恐怖にかなり近いのですが、欧米で概念化された病気の概念です。他人と一緒にいる場面や他人と向き合う場面で恥ずかしい思いをする

ことに対して、強い不安や恐怖を感じ、それが高じるとそのような場面を避けようとして学校や会社に行けなくなってしまい、社会生活に支障を来すような状態が社会不安障害です。具体的には、人と一緒に食事をする場面で手が震えてしまうとか、人前で話をするような場面で異常に緊張して立ちすくんでしまう、人前で文字を書く場面で指が震えて字が書けなくなってしまう、などです。日常生活には緊張する場面がいろいろあります。そういうときに、汗が噴き出してくる、息苦しくなる、動悸がする、手足が震える、お腹を壊してしまう、小便が近くなるなど、身体が反応してしまいます。気の持ちようというより、身体が反応してしまう状態です。日本で議論されてきた対人恐怖よりも症状や現象面により注目した概念と言ってもいいのですが、実際に病院やクリニックの外来で診ていると、昔で言えば対人恐怖だけれども、それほどの心理的な葛藤があまりはっきりしない患者さんが増えているように思います。それは社会不安障害という診断がまさに当てはまります。特に都会のクリニックでは、ネットで調べて自分は社会不安障害ではないかと受診してくる学生や若い社会人の人が、この10年で多くなっています。おそらく皆さんも、そういう感覚が全然わからないということはないと思います。

　こういった社会場面での不安・緊張、ストレスは、症状の揃い方や程度、持続によってはいわゆるうつ状態やうつ病というものに近づいてきます。対人恐怖や社会不安障害という病状で始まった経過が、その後本格的なうつ病の症状を呈してくることは珍しくありません。

## 4　"うつ"について

　うつという言葉は皆さんも最近よく聞かれると思います。言葉のイメージからすると、「気分が沈む」とか、「憂うつになる」といった感じが思い浮かぶと思いますが、精神科医がうつやうつ状態の目安として注目するのは、気分が沈むということだけではありません。身体の症状や、気力・意欲面の変化を重視します。本人の気力や意欲が、もともとのレベルからどのくらい低下しているかに注目します。疲れているときにやる気が出ないのは誰もが経験することで

すが、とくに思い当たる原因がないのに、普段難なくできていたような仕事や日常生活上のことが手につかず、支障を来すような状態が気力や意欲の低下です。そうなると、仕事や勉強など、自分が担っている役割やノルマばかりではなく、趣味や楽しみや遊びの領域に関しても、それに向けるエネルギーや気力が湧かなくなってしまいます。無理にやっても面白くない、楽しめない状態です。周りの人がよかれと思って誘ったり、連れ出しても、本人は全然楽しめないどころか、かえって疲れてしまったりイライラします。

　本格的なうつ状態、うつ病と診断される場合には、身体症状の有無が重視されます。具体的には、われわれの生物としての身体状態のリズムやバランスが崩れてきます。睡眠リズムの乱れや食欲、性欲の低下などです。こうしたリズム、バランスの崩れが持続して現れます。身体の不調はありとあらゆるところに出てきます。胃腸の人もいれば、頭痛に現れる人もいます。何をしてもすぐ疲れてしまう、何をするのも億劫に感じます。日常生活では、まず朝起きたときに非常に気分が重くて、会社や学校に行くのがしんどい。無理に行って仕事を始めても能率が上がらない、あるいは集中力が途切れて長続きしないとか、何かソワソワしてじっとしていられないというような状態が起こります。気分の問題というよりも、身体を含めた全体の不調、つまり気力と体力の両方が低下したような状態となることがポイントです。

　うつ病は、最近では社会問題化していて、いろいろなところで紹介され、決して珍しい病気ではないことが強調されています。皆さんが平均的な寿命を全うしたとして、一生のうちにある病気にかかる確率を生涯有病率といいます。海外での研究には、うつ病の生涯有病率は20％、つまり5人に1人は一生涯の間にうつ病と診断される状態に陥るというものがあります。これは日本の専門家の感覚からするとやや高すぎるのではないかとも言われ、6〜7％ぐらいの数字が妥当ではないかとされています。数字の高低はともかく、有病率に男女差があることは多くの研究調査で指摘されており、女性の方に多くみられます。人類がかかる病気で2番目に多いとも言われています。1番は感染症ですが、感染症は原因になる病原体が多種多様ですから、それを全部ひっくるめて感染症として括れば一番多くなるのはある意味当たり前ですね。

もともとの性格のせいとか、性格が弱いからうつ病になるというようなことを、本人や周りが考えてしまうことがありますが、性格がうつ病の原因になるという説は多くの研究でほぼ否定されています。むしろ多くの場合、症状の一部として自分に対する見方が歪んでしまい、自分への非難が表れやすくなることで、本人も周囲もうつ病を性格のせいにしてしまうのかもしれません。

治療について言えば、精神科の病気の中で薬の効果が最も期待できる病気のひとつであることは確かです。そして薬だけではなく、きちんと休息できる環境を整えること、そして心理療法（現在では認知行動療法）という手法がよく用いられます。

病気の正しい理解のために、本人や身近な家族に向けて、うつ病やその治療のことが簡潔にまとめられている「笠原の小精神療法」というものを紹介します。

① うつ病は単なる怠けや気のゆるみではなく、治療の対象となる病気です。精神力だけでは治りません。きちんと治療を受けることが必要です。
② 早い時期に休息をとる方が、回復が早くなります。
③ 治癒には、短くて3ヵ月、平均6ヵ月はかかります。
④ 治療中には自殺しないと約束してもらいます。
⑤ 病状には一進一退があります。直線的に改善するのではなく、よくなったり悪くなったりを繰り返し、全体としては回復へ向かいます。
⑥ 人生上の重大な問題（退職、離婚など）の決定は延期します。
⑦ 服薬の重要性と副作用を説明します。

うつの症状を、本人ははじめのうち気の持ちようとか気のゆるみと思ったりしますが、ちゃんと病気の症状と捉えましょう、と本人、周囲の意識を共有します。本人は生活が回らなくなるぎりぎりの状態まで無理をしてしまいますが、早めに休息をとれる環境を確保するほうが、結果的には治りも早いと言われています。ただ、風邪をひいたり、ちょっとけがをしたのとは治療に要する時間のスパンが違い、数ヵ月単位で回復経過を見ていく必要があります。症状は、

日によってよくなったり、悪くなったりがあるので、昨日はよかったのに今日は、というような比較をすると、本人も周りも疲れてしまいます。長い時間の幅で見て、小さな波はあっても平均的にみて以前より改善に向かっているか、そういう捉え方をするように勧めます。

またうつ状態のときは、ものの見方がとかくネガティブなほうに引き寄せられてしまうので、こういう時期に重大な決定、学校や仕事を辞めるとか、離婚するとか、引っ越しをするとか、そういった負荷がかかる決断は保留しておきましょう。もちろんこうした決断が賢明である場合もあります。ただそれは病状が回復したあとにもそう思えるのならそこで改めて検討しましょう。最後に薬のことに触れています。痛み止めや抗生物質のように飲み始めてから効果が比較的早くわかる薬と違い、うつの治療に用いられる薬、とくに抗うつ剤は、効き目が出るのに時間がかかります。早い人でも10日から2週間ぐらいはかかると言われています。ところが、副作用がある場合、効果よりも前に出現するので、薬の特徴を理解していないと、よくなると思って飲み始めたのにかえって具合が悪くなった、と服薬を中止してしまうことが起こり得ます。

## 5　ストレスへの対処

対人恐怖、社会不安障害、うつ病と病気の解説をしてきました。これらのすべてがストレスを原因として起こるわけではありませんが、心身のバランスを保つためにストレス対処法を各人が身につけておくことは大切でしょう。後半はストレスへの対処法についてです。

ずっと完全にストレスフリーの状況で生きていける人はまずいないでしょう。人によって程度や種類に差はあっても、何らかのストレスに常に直面しなければいけないと考えると、それにうまく対処するにはどんなやり方があるでしょうか。適切な対処行動とはどのようなものでしょうか。対処行動にも、もとになっている原因を解決しようとするやり方、自分に生じるさまざまな反応をマネージメントするやり方など、いろいろなアプローチがあります。それを支える背景になるのは、その人がそれぞれ培ってきた社会的なスキルや、自分

を支えてくれる人間関係です。家族、友達、先生や上司・同僚など、独り相撲にならずにすむネットワークをもっている人はやはり強いのです。またとくにストレスフルではない普段の状況にある程度の充実感や満足感をもてているかどうかも、しんどいときを乗り切る糧として大事です。

　ストレスによって起こる反応は誰も同じではありません。同じ状況に置かれた人が、皆同じような状態になるかというと、違います。その違いは、その人の状況の捉え方、すなわち認知の問題もありますが、体質的な反応のしやすさという要因もあります。別な言い方をすると、ストレスに対する反応性には遺伝的なバックグラウンドが関係していると言われています。ですから、皆さんの前提となる条件がまったく同じではないことは押さえておく必要があります。自分はこういうときにこう反応する傾向がある、というときに、それにはある程度変えることのできる部分と、もともと自分のもって生まれた気質の部分があるので、100％自分をコントロールしようとするのではなく、自分の特徴を理解することが必要になります。

　われわれがストレスにさらされたときに、どういう反応や対処をしているでしょうか。自分を取り巻く状況になんらかの変化や刺激があったとき、われわれは意識的あるいは無意識的に、何が起こっているかを評価して、反応します。反応は、身体的なレベルでも、心理的な変化としても起こります。そして、それに対して何らかの対処策を講じています。このときに、トランプで言えばいろいろなカードを持っている人は強いわけです。必ずしも意識して対処していると言えなくても何らかの対処をし、それがうまくいくと、起きている事態についての評価はまた変化しますが、もし対処行動がうまくいかないと病的な状態へと至ることもあります。それはメンタルな病気かもしれないし、身体的な病気かもしれません。このような場合に起こる身体的な病気をまとめて心身症と呼ぶことがあります。ストレスを背景に、見た目には体の機能異常として起こるいろいろな病気の総称です。心身症の起きやすさには体質的、遺伝的なバックグラウンドがあるといわれています。

　現在のストレス対処理論のうち、代表的なのは認知の枠組みを変えていくアプローチです。うつ病の心理療法も、認知行動療法というものが主流になりつ

つあります。

　対処行動にはさまざまなアプローチがありますが、ここでは、認知に関連した対処行動について解説します。人によって物事の捉え方には傾向があります。癖と言ってもいいかもしれません。物事や状況の理解の仕方はさまざまな要因により、人それぞれに特徴的なパターンが形作られていきます。この状況把握のパターンの中に非合理的な思考があるとしたら、それを合理的なものに置きかえようとするアプローチが認知的評価に対するコーピングと言われるものです。コーピングとは対処、対処行動という意味です。ちょっと難しい言い方をすると、認知的再評価型コーピングと言います。うつ病の心理療法の主流になりつつある認知行動療法ではこれをシステマチックに行ないます。

　私たちは何か出来事があったときに、自分がそれと意識していないものの捉え方のパターンに則って事態を評価し、その結果として気分が落ち込むとか、怒りを感じるとか、イライラしてやけ食いをするとか、気分や行動に反応が表われます。認知的アプローチとは、この捉え方のパターンに注目しましょうということです。捉え方がネガティブな方に向きやすくなる３つの領域があります。１つ目は、「きちんとできていない、自分はダメな人間だ」というように自分自身を否定的に捉えてしまうことです。２つ目に、「自分のように何の役にも立たない人間と付き合いたいと思う人なんかきっといない、こんな自分なんか誰にも見向きもされない」と自分の置かれている状況や周囲について否定的な捉え方をすることです。３つ目は時間的に、これから先のことに対して否定的なバイアスがかかってしまい、しんどい今の状況を基準にして将来を全部推し量るような捉え方です。「今の状況はずっと変わらず、つらい気持ちは一生続くだろう」。一生続くかどうかなんて、わからないですよね。でもわれわれは弱っているときに、どうしてもこういう捉え方をしがちです。こうしたパターンが際立つのがうつのときの思考です。

## 6　認知の偏りのパターン

　代表的なものを幾つか挙げてみます。１つは、「感情的な決めつけ」と言わ

れるものです。客観的な証拠もないのにネガティブな結論を引き出してしまう。例えば、友達から1日連絡がない、電話もメールも入らない、そのことで自分は嫌われたと思ってしまうことです。他人のことなら、「そう決めつけるのは極端じゃない？」と思えても、自分のことだとこのような思考パターンに陥ってしまうことがあります。

　2つ目は、「選択的注目」「心の色眼鏡」と言いますが、いろいろな出来事があって、いいこともたくさん起きているのに、自分にとってよくないことやショックなことだけがすべてのように、選択的にとり上げてしまうことです。あるいは、些細なことなのに、それがすべてのように思えてしまう「過度の一般化」や、わずかな出来事から全部のことに普遍化してしまう思考パターンです。悪いことに限って"一事が万事"になってしまうわけです。

　3つ目に、ものごとを過大に、あるいは過小評価し過ぎることもあります。自分がしてしまった失敗など、都合の悪いことはものすごく大きなことに思え、反対によくできていることを意識しなくなってしまいます。あるいは、本来自分とは関係ないような出来事や状況を自分に関係づけて、自分のせいで起こったかのように自分を責めてしまうような思考パターンもあります。

　4つ目に、ものごとに白黒をつけないと気が済まないことです。よくても悪くてもどちらかに結論づけしようとする思考パターンです。完璧主義というのもこれに入るかもしれません。

　5つ目は、予定調和的に事態を悪くしてしまうことです。否定的な予測をすることによって実際の行動にもバイアスがかかり、結果として予測通りに失敗してしまいます。すると、やはり否定的な予測が当たったと思い、ますます行動が偏る、といういわば負のスパイラルに陥ってしまうことがあります。例えば、誰も声をかけてくれないだろうと引っ込み思案になると、ますます周りの人は声をかけにくくなるので、本人は「やっぱり誰も声をかけてくれない」という自分の懸念が確信されてしまう、というようなことです。

　以上のようなことは、時と場面によっては皆さんも似たような経験があるのではないかと思います。そしてそのことで気が滅入ったり、調子が悪くなるのを防ぐために、どうしてそう感じたのだろうと振り返ることが必要です。どう

いうものの捉え方、考え方が作用していたのかを検証し、別の可能性や捉え方をあてはめてみようとするのが、認知再評価型のコーピングです。

## 7　バランスのよい考え方を身に付ける

　コラム法という認知行動療法でよく用いられるやり方を説明します。非常にむしゃくしゃするとか、気分が落ち込むような出来事があったとしたら、まずそこで何が起こっていたのかをもう一度洗い出してみます。いつ、どこで、誰が、と客観的な情報をきちんと整理します。例えば、サークルで私を残してみんなで食事に行ってしまったという状況があるとします。そのときに何を感じたか、そのときの気分を書いてみましょう。気分というのはだいたい形容詞か名詞で表現できます。「憂うつ」「怒り」「焦り」「失望」「屈辱感」など、正確でなくても大まかにこういう気分と言えると思います。そして、その程度を数値化してみます。マックスが100％で、全然ないのがゼロだとしたら、このときに感じた気持ちはどういう言葉で表現されて、その強さは何％かを書いてみます。先ほどの例の人の場合は、真っ先に思いついた言葉が「イライラする」で70％ぐらい、「焦り」が60％、それから「悲しい」も80％でした。出てきた順番は「イライラ」が最初でしたが、「悲しい」が程度としては一番強いようです。こういう状況で、こういう気分がわき上がったときに、頭の中に浮かんできた考えを思い出してみましょう。自分のこととか、周りの人のこと、あるいは今後どうなるかなど、どんなことが心配になったかです。そしてこれも強さを数値化します。「自分は嫌われているのではないか」いう考えは80％ぐらいの強度です。「仲間はずれにされているのではないか」「仕事が終わらないからみんなと一緒に行けなかった。私は仕事が遅いだめな人間だ」という考えが箇条書き的に出てきたとします。そこで、その中で一番強いもの、もっともらしいと感じるものを挙げ、代表して1つ挙げるとしたら何だろうかを考えます。それを「ホットな思考」と言います。そうすると、この人は3つ挙げたけれども、「自分は嫌われている」がこの状況で自分の頭に浮かんだ考えだということです。

ここまでは振り返りです。もう少し詳しく検証してみましょうというのが次の作業です。①根拠・反証：こう考えたもっともな理由は何なのだろう。つまり、この思考を支持する理由は何だろう。それをまず挙げてみます。そして、それにあえて反論してみるとしたら、どういうことが挙げられるだろうか。陥りがちな考え方のアンバランスと照らし合わせると、ひょっとしたら自分はちょっと歪んだものの捉え方をしているから、こういうことが起こったのではないか、ということを想像してみるのが思考のバランスをとるということです。「ホットな思考」とそれを支持すると思われる理由はわりとすぐに出てくるにしても、反論を思いつくのが難しいときには、「○○さんだったら、この同じ状況をどう考えるだろうか」ということを想像してみましょう。状況に対して、身近な人だったらどう考えるかを想像してみるわけです。逆に、例えば仲のいい友達が同じような考えをしていて、自分がその話を聞かされたらどういうアドバイスをしてあげるだろうか、など視点の切り換えを図ります。あるいは、自分が調子のいい元気なときだったら、同じことが起こっても感じ方は違っていたのではないだろうか、などいろいろな仮定や想像をしてみます。こういった思考の整理をしてから、最初に直感的に「イライラ70％」「焦り60％」「悲しい80％」と強さを数値化した気持ちに変化が起こっていないかどうかもう一度考えてみます。「イライラ」「焦り」「悲しい」は、それぞれ数値がだいぶ下がってきたけれども、ここにはなかった「ちょっと頑張ろうか」というポジティブな気持ちが出てきたら、それも数値化します。バランス思考で言えば、「実際に仕事の締め切りがせまっていて忙しかった。むしろみんなは、そこで誘ってしまうと、私が断ることを心苦しく感じるだろうと思って声をかけなかったのではないか」となれるわけです。でもなかなかそうは思えないのでもっともらしさは50％ですが、こういう可能性もないわけではないと考えてみます。それに、「自分だけが」ではなくて、実は何人か行かなかった人もいたことに気付いたりします。こういうことが、不愉快な感情の高まりや、気分の落ち込みがエスカレートするのを抑えてくれる可能性があります。

日常生活でイヤなことがあったときなど、それによって生じた気分や考え方を変えてみる練習として、説明したような手順で整理してみると有効かもしれ

ません。

　自分の思考パターンというのは、自分ではなかなかわからないもので出来事と自分の思考パターンによって導かれた結論だけが意識されてしまいます。会話中に相手があくびすると、「私の話はそんなに退屈かしら」と直感的に思ってしまいます。相手はほかに用事があって誘いを断っただけなのに、「嫌われたのかしら」というように、他人から見れば、その結論付けにはかなりの飛躍があっても、本人は直感的に思ってしまうのです。この２つの例に共通しているのは、「自分は人に好かれないんだ」という思考パターンが背景にあることです。この部分を自分で意識できるように練習をしていこうというのが認知療法であり、認知再評価型のコーピングと呼ばれるものです。

　この基底にある思考パターンは人それぞれ違うわけですから、教科書に書いてあることがそのまま自分に当てはまるとは限りません。それぞれ自分で自分の特徴を捉える試みが必要になります。あるいは同じ状況についても元気なときと、落ち込んでいるときとでその見え方は変わってしまいます。さきほど、否定的な認知の３つの領域を説明しましたが、自分について、周りについて、将来について、ポジティブに捉えられることもあれば、自己非難や自己卑下する思考パターンになってしまうこともあります。元気なときにはこういう作業は必要ないかもしれませんが、気分が落ち込んだときにふと立ち止まって、捉え直しをしてみることは、それ以上不快な状態がエスカレートするのを防いでくれるかもしれません。

　ストレスをどう捉えるかについての話をしてきましたが、ストレスへの対処法は、ある方法が万人に効くわけではありません。ある人にとって有効な方法が自分にも効くとは限りません。自分にとって一番効果的な対処法は何かを自分が見つけていくことが大切です。有効性というのは効果の大きさと実行のしやすさという２つの要素で決まります。効果は絶大だけれども、ものすごく費用がかかるとか、特殊な場所に行かないと実行できない対処法は現実的ではありません。もっと日常的な気分転換とか、自分の中では当たり前になっている日常生活の習慣や行動パターンを変えてみるというようなことでもいいのです。それから、周りのサポートもうまく受け入れること、必要なときに周りに

ヘルプを求めることができるというのは重要なストレスコーピングの1つです。

## 8　睡眠について

　睡眠が重要であるということには皆さん異論はないでしょう。"眠れない"ことは健康上の大きな問題になり得ます。もちろん、眠れないだけではなくて、気分の低下など、さきほど述べた神経症やうつ病のような状態に伴う不眠は重要な症状であり、きちんとケアしなければいけないのですが、中には、医学的にはあまり問題ではないけれど、本人にとって"眠れない"ことが大きな悩みとなる場合があります。そういう人たちに対して、昔は冗談めかして、「眠れないだけじゃ人間は死なないから」と言われていました。ところが最近、そうとも言い切れないことがわかってきています。恒常的に睡眠の質がよくない人は、命にも関わるという疫学上のデータです。日本でも米国でも数十万人という大きな集団に対する睡眠状況と死亡のリスクを調査した研究があります。平均7時間ぐらいの睡眠の人たちを基準に、それよりも睡眠時間が1時間刻みで短い人、長い人のグループを死亡の相対リスクで比較したものです。そうすると、日本の調査も米国の調査も、どちらもきれいに7時間のグループを底にして相対リスクはU字型のグラフになります。睡眠時間が短いと死亡リスクが高くなるというのは、皆さんも何となく想像できると思いますが、逆に睡眠時間の長いグループでも健康面のリスクが相対的に高まるというデータです。解釈の仕方はいろいろありますが、何十万人という大きな数の集団を対象とした調査研究でこのような一致した結果が出てくるのは興味深いことです。

　よく8時間眠るのが健康や長寿の秘訣と言いますが、睡眠の専門医によるとあまり根拠はないようです。というのは、人間が生理的に必要とする睡眠は年齢とともにだんだん短くなっていくことがわかっています。25歳では7時間、45歳では6.4時間、65歳では6.0時間と、20歳刻みで、だいたい0.5時間ずつ短くなっていきます。子どもは別として、忙しい現代社会では成人で8時間眠るのを目標にするのはなかなか難しいことです。ですから、それを目標にする

よりも、質のいい睡眠を6時間から7時間きちんととることが大事だということが、いろいろな調査や研究でも裏付けられています。慢性的な睡眠不足については最近いろいろなエビデンスが上がってきて、ニュースでも取り上げられています。生活習慣病、特に糖尿病との関係でいうと、短時間睡眠が恒常化している人たちは糖尿病のリスクが高くなります。血圧やコレステロールの問題も同様です。ですから、慢性的な睡眠不足はやはり体によくありません。

厚生労働省の研究班による「睡眠指針12ヶ条」というのを紹介します。

① 睡眠時間はひとそれぞれ。日中の眠気で困らなければ十分
② 刺激物をさけ、眠る前には自分なりのリラックス法を
③ 床につくのは眠たくなってから。入眠する時刻にこだわらない
④ 同じ時刻に毎日起床
⑤ 光を利用。目覚めたら日光を入れ、夜の照明を控えめに
⑥ 規則正しい3度の食事、規則的な運動習慣
⑦ 昼寝をするなら、午後3時前の20〜30分、長い昼寝はかえってぼんやりのもと
⑧ 眠りが浅いときは、睡眠時間を減らし、遅寝・早起きにしてみる
⑨ 激しいいびき、呼吸停止、足のぴくつきやムズムズ感などは要注意
⑩ 十分眠っても日中の眠気が強いときは専門家に相談
⑪ 睡眠薬代わりの寝酒は不眠のもと
⑫ 睡眠薬は医師の指示で正しく使えば安全

適正な睡眠時間は人によって長い短いがあります。時間の長さにこだわるより、日中眠気がなければよしとしましょう、というのは眠りに神経質になっている人には少々大雑把に聞こえるかもしれません。眠る前には刺激物を避ける。コーヒーなどカフェインの摂取もそうですが、就寝前、部屋を暗くしてスマホやタブレットをいじるのは脳にとって非常に強い視覚刺激になるので眠りにつくのを阻害します。眠くならなかったら無理に布団に居続けないことです。布団の中で眠くなるのをひたすらじっと待つ人がいますが、眠れないときは布団

から離れ、ちょっとソファで本を読むとか、あまり刺激にはならないことをして、自然な眠気を感じたら布団に戻ったほうがよいでしょう。寝付く時間帯にはあまりこだわらず、むしろ起きる時間を一定にしましょう。休日の朝寝坊はほどほどにしましょう。お休みの日も平日の起床時刻プラス2時間ぐらいまでの時間には起きるようにしたほうがよいと言われています。そして、光をうまく採り入れましょう。目覚めるときに自然な光が取り込めれば一番よいです。あるいは、寝る前の照明に工夫をしましょう。睡眠覚醒リズムは、間接的には食事のリズムと連動しますので、食事を三度きちんと摂りましょう。日中どうしても眠いときには、短時間なら昼寝をして構いませんが、夕方以降に寝てしまうとその夜の睡眠の質を下げますので、午後3時ぐらいまでにしましょう。眠りの浅い状態が続いているときは、睡眠時間の確保にあまりこだわらず、遅寝でも早起きをする。短い時間の睡眠で質を上げようとするやり方です。お酒は睡眠には逆効果です。寝酒と称してお酒を飲んで眠る人がいますが、アルコールは睡眠にはマイナスに作用します。アルコールは寝入りばなの眠気は催しても、一番深い睡眠を壊しますし、水分バランスにも影響するため睡眠の持続を阻害します。不眠の改善にはお酒ではなく、きちんと薬を使うほうが安全です。

　多くの場合、睡眠が問題となるのは"眠れない"、つまり不眠のケースですが、逆に"眠り過ぎてしまう"ことが問題になる過眠症という病態、また生物学的な睡眠覚醒リズム（周期）が24時間から大きくズレていることが問題となる概日リズム障害という睡眠の病気もあります。

　皆さんの中にも、夜遅くまで起きていて昼頃まで眠る生活を送っている人がいるのではないでしょうか。そういう夜型の生活で何も困ることがないのであれば、今はそれでもいいのかもしれません。ただ、それが習慣化して長期的に睡眠の時間帯がズレたままになるのは健康上好ましくありません。ホルモンの分泌のバランスは、眠る時間とは別のリズムで24時間動いていることが知られています。これが実際に眠る時間帯とズレている状態が皆さんのように年齢の若いときに続くのは、特に女性はいろいろな影響が出てくる可能性があります。

　夜型になるのを防ぐ工夫のひとつは、就寝時間が遅くなってもそれに合わせ

て起床時間も遅くしないことです。それで日中に眠気が強いときには、短時間の仮眠をとってバランスをとりましょう。また自分の日頃の睡眠のパターンを一度記録してみることをお勧めします。眠りは毎日のことなので、意外と正確に把握できていないことが多いのです。平均的に7時間眠っていればかなり理想的です。忙しくて毎日7時間が難しければ、週を単位として合計45〜50時間眠ることを目標にするのもいいかもしれません。ただ、いわゆる"寝だめ"には限界がありますので、単なる時間の長い／短いよりも質を重視しましょう。週2日の休みをきちんととることが難しい場合は、週の半ばの就寝時間を早めにする意識をもつと、1週間の流れがよくなることがあります。インターネット上には、日々の睡眠状況を記録するための記録表が色々のサイトからダウンロードできるようになっていますので、しばらく記録をとってみると自分の睡眠のパターンや特徴がわかるはずです。

---

**考えてみよう**

- 青年期の始まりである中学生頃から、あなたはさまざまな「危機（crisis）」を経験してきたと思いますが、そのとき、どのように対処してきましたか？振り返ってみましょう。
- 友人が、将来のことを考えると夜寝られない、とあなたに相談してきました。あなたは、その友人に対してどのような対応をしますか。
- 大学内でメンタルヘルスについて相談に応じる場所は学生相談所ないし保健管理センターです。キャンパスのどこにあるのか、確認しておきましょう。

# 第9章

# デートDVと大学生
中島幸子

　デート中、相手が自分の携帯電話やスマートフォンを確認させるように強い口調で言い張ったとき、あなたはどう感じますか？　自分への愛情表現だと思いますか？　それとも、自分への支配だと思いますか？

　親密な対人関係が成立すると、時として支配 - 被支配の関係が生じることがあります。暴力行為として自分に支配関係が向けられることにもなりかねません。それは決して愛情ではありません。親密な関係だからこそ生じることであり、またそこから抜け出すことが困難になります。デートDV（Domestic Violence）は、恋愛における親密な関係を装った支配 - 被支配の構造なのです。

　本章では、デートDVの基礎的原理とその対応について学びましょう。

## 1　はじめに

　身近でデートDVが起きたり、ご自身が何らかのかたちで関係していて関心のある人がいるかもしれません。自分には全然関係ないと思う人もいるでしょう。しかし、友達がいつか相談に来るかもしれません。そのときにどういう対応をすればいいかもお伝えできればと思います。

　デートDVとDVはそれほど違うものではありません。結婚していない恋人間でも暴力の問題は起こっていますが、DVというと配偶者間というイメージがあるため、区別してデートDVと呼んでいます。本章の内容は、必ずしもデートDVやDVのことだけではありません。子どもや高齢者に対する虐待、学校で発生しているいじめ、会社などで発生するパワーハラスメント、こういうものとの共通点が非常に多いことを頭に置いてもらえればと思います。

## 2　パワーとコントロール、そして暴力

　今挙げた、虐待やパワハラ、いじめ、DVといったものは、人が人を傷つけるところに共通点があります。人間関係の中で誰かが誰かを傷つけるときに、必ず含まれている2つの要素があります。それがパワーとコントロールです。パワーは言い換えれば、権力とか、力の差、力関係という言葉で、コントロールは支配という言葉で表せます。

　人が人を傷つける関係では、加害者と被害者という2人、あるいはそれ以上の人がそこに関わります。支援活動をしている私や私の仲間は「被害者」という言葉を使いません。DVに限らずどんな被害であっても、被害者というレッテルで呼ばれると力を感じにくいと思うからです。そこで、私たちは被害に遭った人たちのことを、強さとか、自分らしさなどの輝きをもつ人たちという意味をこめて「☆（ほし）さん」と呼んでいます。加害者のことは、英語のBattererの頭文字を取って「Bさん」と呼んでいます。

　夫婦関係でも、付き合っている関係でも、2人の関係はパートナーシップで

す。その中で暴力が発生したときに、DVやデートDVという言葉が用いられ、2人の中で、ひとりが☆さん、もう一方がBさんになるわけです。必ずしもBさんが男性、☆さんが女性、とは限りません。Bさんが女性で、☆さんが男性というパターンもあります。同性同士のパートナーシップでも発生します。いろいろなパートナーシップがあることが大前提です。ただ、統計上で圧倒的に多いのは、Bさんが男性で☆さんが女性の場合です。日本だけでなく、海外でも同じような比率で発生しています。それもひとつの事実です。物事を知るときにはいろいろな角度から見る必要性があり、事実として何が発生しているのかを丁寧に見ていかないと、偏った捉え方をしてしまうことがあります。

　健全なパートナーシップには、少なくとも2つの要素が不可欠です。まず、対等だということです。2つ目が尊重し合うことです。相手の人も大切であり、自分も大切だということを、お互い思っていないといけませんし、それを行動で表すことが大事です。対等であり、尊重し合っている関係では、どちらが偉いとか、どちらが優先といったことは発生しません。しかし、DVやデートDVでは、どちらかが上でどちらかが下に置かれる上下関係になっていることが特徴です。

　☆さんは下に置かれたくて下にいるわけではありません。そこにしかいられない状況にさせられています。上下関係の中では、上にいる人の意見はいつも正しいことになってしまいます。☆さんの意見が少しでも違うと、無視されたり、殴られたり、罵倒されたりして、☆さんはだんだん意見が言えなくなります。意見の違いが危険になっているところでは、必ず不健全なことが発生しています。それが家族の中であれば虐待やDVと呼ばれ、職場ならパワハラと呼ばれます。本来、意見はそれぞれ違っていていいはずです。違った意見であっても、「ああそうか、そんな考えもあるんだ」と受けとめられるべきものです。それぞれがもっているものを出しても危険にはならない環境にしないといけません。

　2人の関係の中で、Bさんから☆さんに対して尊重がなく、支配とコントロールがあって、☆さんが意見を言えない状態だとすると、例えば一緒にテレビを見ているときに、☆さんが「別の番組を見たいんだけど」と言った瞬間に何が

起きるでしょうか。ものすごい勢いで怒鳴られたり、壁に物を投げつけられたり、ドアをバターンと閉めて部屋を出ていかれたり、といったことが発生します。それをされた人は、その後同じような場面で、別の番組を見たいとは言わなくなります。言ったら傷つくとわかっていたら、人は自分の身を守るために言わなくなります。それは人間として自然なことです。人間は本能的に、安全と危険という選択肢を出されたら、安全に見えるほうを瞬時に選ぶようになっています。脳の中にそういう機能があるから、人間は何千年も生き延びてこられたのです。

　物が飛んでくる、殴られる。これは暴力で、暴力は支配の一部です。世の中の暴力事件や誘拐事件、強盗事件、テロ事件で暴力が使われますが、それらの暴力に共通する理由があります。それは、誰かを支配するためです。暴力は手っ取り早く人を支配できるのです。こうした事件では、犯人の数は少ないのに多くの人が巻き込まれることがあります。1人でも凶器を持っていたら、それが可能になります。例えば、この教室の中に誰かが駆け込んできて、凶器を振り回して「立て」と言ったら、多くの人たちがすぐに立ち上がるでしょう。大きな危機を感じた瞬間に、言うことを聞くか抵抗するか考え、多くの人たちが、言うことを聞いておいたほうが安全だと判断するのです。そこで立ち上がった人たちは全員、その事件の☆さんです。

## 3　暴力の責任

　Bさんは世の中のすべての人に対して暴力的かというと、多くの場合そうではないでしょう。ほとんどのBさんは全然違う側面をもっています。自分の親の前では素晴らしい子どもであったり、先生の前では素晴らしい生徒であったり、上司の前では素晴らしい部下であったり、近所の人たちには感じよく挨拶ができる人であったりします。これらの関係の中ではいい人であるほうがメリットがあるからです。親の評価を気にしていればよい子になりますし、会社で出世したければ、どれだけ嫌味を言われても、上司ににこやかに対応をしますし、友達の間で人気者でいたければ、面白いことをたくさん言えます。しか

し、Bさんには別の側面があるというのがデートDVやDVの特徴です。

　Bさんは、自分の目の前に誰がいるかによって、意図的に出方を変えます。目の前にいるのが自分の親であれば、「そうだね」と言い、上司なら、「はい、わかりました」と言います。しかし、付き合っている人の前では、恐ろしい暴言を吐いたりします。暴力の振るい方を自分で決めているのです。そして、自分で決めているということは、その人に100％暴力の責任があることなのです。

　Bさんが暴力の振るい方を自分で決めているということは、病気ではないということです。病気なら自分で決められませんが、目の前に誰がいるかによって、しゃべり方から口調から殴るか殴らないか、全部変えています。病気ではありません。

　アルコールのせいでもありません。お酒が入ると暴力を振るう人は多くいます。その場合、アルコールのせいに見えがちですが、暴力の理由は「見下す」という発想です。アルコールは暴力的な行動を出やすくするかもしれませんが、暴力の原因ではありません。アルコールが暴力の原因であれば、世の中の居酒屋は毎晩暴力だらけになりますが、そういうことは起きていません。いくらお酒が入っても、人間の意志は働いています。例えば、痴漢で逮捕された人の多くが、「酔っていたので何も覚えていません」「酔っぱらっていて全然わかりませんでした」と言います。しかし、痴漢行為をした相手は不思議なことに必ず若い女性です。本当にわけのわからない状態であれば、男性でも年配の人でも、誰かれ構わずにしているはずですが、そういうことは起きません。どれだけお酒が入っていても、ターゲットをきちんと見極めているのです。

　暴力を振るわれた人が自らの傷つきをもって知るのは、自分が歯向かえない、抵抗できない、と思う相手から暴力を振るわれたら、言うことを聞くほうが安全だということです。虐待に遭う子どもたちは、力の差が大きい大人に対して反抗できるわけがありません。親が「謝れ」と言ったら謝り、「わかっていないのに謝るな」と言われたら謝らなくなります。一生懸命Bさんの顔色を見て、どっちが正しいだろう、どっちが安全だろうと考えて生き延びるしかないのです。いじめやデートDVも同じようなパターンで起きます。

　Bさんたちに「なぜ暴力を振るったのですか」と聞くと、「いやあ、自分も

反省しているんですよ」「昨日は確かにやり過ぎました。二度とああいうことはやらないように気をつけます」と言うかもしれません。そして、「でも、こいつにも言ってやってくださいよ。いつも時間を守れなくて、前から言っているのに昨日もまた遅れてきたから、ついカッとなってああいうことになっちゃったんですよ」と付き合っている相手を指さすかもしれません。☆さんも「確かに私が遅れたからいけなかったんだ」と思うかもしれませんし、それを聞いた第三者もつい、「暴力はいけないから、振るった人に大方の責任がある。けれど、時間を守れってずっと言われていたのに、それができなかったあなたにも責任があるんじゃないの」と思ってしまいがちです。

　Bさんは、☆さんが遅れてきたことにも問題があったと主張しています。「だから、カッとして暴力を振るった」という説明です。では、遅れてきたことに対して暴力以外の解決手段はなかったのでしょうか。ないはずがありません。どんな問題にも暴力以外の解決手段が必ずあります。ですから、暴力という解決手段は決して正当化できません。遅れてきたときに、「時間が守れないのなら帰る」という選択肢があったはずです。非常に腹が立ったという気持ちを、相手を傷つけないで伝える方法もあります。あるいは、「これがずっと繰り返されるならば話し合いたいけれども、つい頭にきちゃうから、第三者に入ってもらおう」という方法もあります。いろいろな選択肢があるにもかかわらず、暴力という手段を選んだとしたら、その責任は100％Bさんにあるのです。きっかけに目線をもっていくのは問題のすり替え以外の何ものでもありません。時間に遅れてくる、洋服の趣味が悪い、しゃべり方が気に食わない、ご飯の食べ方が汚い、一緒に暮らし始めたら片付けが下手だなどなど、Bさんはなんとでも理由をつけてきます。Bさん自身の感情も理由になります。「カッとなったから」「イライラしていたから」などです。しかし、何を挙げたとしても暴力を正当化する理由にはなりません。

## 4　暴力の種類

　暴力を理解しやすくするために、4つに分類してみます。身体的暴力、性暴力、

経済的暴力、精神的暴力です。デート DV と聞いてイメージするのはたいてい身体的暴力でしょう。殴る蹴る、やけどさせる、髪の毛を引っ張る、刃物で人を傷つけるなどすべて身体的暴力です。

それ以外にも、見えにくいタイプの身体的暴力がたくさんありますが、なかなか報道されませんし、気付かれにくいところが特徴です。例えば、監禁して食べ物や飲み物を渡さない、何時間も正座させて延々と説教する、眠らせない、非常に寒い日に裸足であろうと、裸であろうと外に締め出す、けがや病気でも病院に行かせない、薬を取り上げるなどといったことがあります。それらは、☆さんの身体に触れていないのでわかりにくく、☆さん自身も暴力だと気付いていないかもしれませんが、身体にもたらす影響の大きい暴力です。

性暴力というと、多分ほとんどの人が知らない人からのレイプを考えると思います。それはもちろん大変大きな性暴力で、実際に多く発生しています。しかし、それよりももっと多く発生しているのが、知っている人からの性暴力です。例えば、付き合っている人から、いつでもセックスしていいと思われること、断るという選択肢を奪われている状態は性暴力です。結婚しているから、付き合っているからといって、セックスは当たり前ではありません。人には性的自己決定権という権利があります。それは、付き合ったから、結婚したからといって相手にあげる権利ではありません。自分の体は自分のもので、いま自分がどういう行動をとるかとらないかを決める権利を、一人ひとりがもっています。

知っている人からの性暴力は、付き合っている同士や夫婦間で発生するだけではなく、大人から子どもに対しても数多く発生しています。子どもが大人から性的なことをされれば、それはどんなことであってもすべて性暴力、性虐待です。なぜなら子どもは、性についての意識も知識も未発達の状態であり、自分の身体に何が起こるかも、自分の身を守る術もまったくわからない状態で、自分に断るという権利があることもわからずに侵害されるからです。

避妊に協力をしないのも大きな性暴力です。避妊に協力しなかったら、相手の☆さんはいつ妊娠するかわからない状況を強いられ、非常に不安です。中絶をしなくてはいけなくなったり、本人が望んでいない子どもをたくさん産むこ

とになることもあります。性感染症も起きるかもしれません。デートDVでは、☆さんが妊娠すると、特に身体的暴力がエスカレートすることが統計的にわかっています。妊娠している人に暴力を振るうと、流産や死産など、さらに深い傷つきにつながっていきます。

　経済的暴力は、一緒に暮らしていなくてもいろいろなかたちで発生します。例えば、☆さんがアルバイトをしたいというのにダメだと言う、あるいは逆に、☆さんに働かせてお金を全部巻き上げる、学生ローンでお金を借りさせて全部巻き上げることも起きます。☆さんを風俗で働かせれば、それは性暴力にもなります。

　そして、デジタル暴力というものが、ここ数年間ものすごいスピードで広まっています。インターネットへ書き込みしたり、掲示板を使って変なところに誘い込んだり、写真をアップしたり、いろいろなかたちで発生しています。性的自己決定権について自分の体は自分のものと言いましたが、同じように、自分のパスワードは自分のものです。これは誰と何年付き合っていようと変わりません。恋人に教えてと言われたら、教えないといけない、なんてことはありません。付き合っていようと、結婚していようと、自分のものは自分のものとして管理してください。人にパスワードを無理やり言わせるのは人権の侵害です。人は一人ひとり違う人間です。パートナーであれ、相手に踏み込むのは傷つきになるし、大切にしていないことになります。見たいかもしれないけれど、携帯のチェックをしてはいけないし、「誰々を住所録から消せ」というのもデジタル暴力です。自分のプライバシーも、相手のプライバシーも大切です。

　心が深く傷つくことをトラウマという言葉で表します。トラウマは暴力だけから発生するわけではなく、事故、震災、戦争などでも心が深く傷つき、トラウマになります。心は「感じる」ことをする場所です。感じ方は一人ひとり異なるので、誰かの感じ方が正しくてほかの人の感じ方が間違っているということはありません。けれども、Bさんのような人たちは自分の感じ方が正しいと思い、違う感じ方をしている人を否定します。自分の感じ方はOKだけれど、ほかの人はOKでないと思いあがっているので、尊重が欠けた言葉のかけ方や

接し方になるのです。
　感じ方が一人ひとり異なりますから、傷つき方も異なります。同じ経験をした人たちがいたら、ひとりは「ものすごく傷ついた」と言い、もうひとりは「別にたいしたことない」と言うこともあります。どちらも正しいのです。深く傷つく人もいれば、そうでもない人もいていいのです。しかし、そうでもない人が深く傷ついている人に対して、「私も同じ経験したけど、そんなのたいしたことないじゃない」というのは、尊重が欠けた言葉のかけ方です。相手が「私はとても傷つきました」と言うことに対して、「そうなんですね」と思えるのが尊重です。人を大切にするということは、そういうところからスタートしなければいけません。
　身体的暴力と精神的暴力の大きな違いは、身体的暴力は傷あとが見えやすいことです。骨折をした人は、医者に見せれば原因を説明しなくても治療してもらえます。また、人間の体は、傷つくと元に戻ろうと頑張ります。たとえば、膝をすりむいて血が出たり、あざができたりしても、数週間後には膝はきれいになっています。そのため人は、傷ができても時間がたてば治るはず、時間が処理してくれるはず、といつの間にかインプットされています。しかし、それは身体的な傷のことであって、トラウマという心の傷は時間とは無関係です。それが大きな違いです。時間と無関係に、何年たってもまるで今発生したかのような感覚をもたらします。そういう影響力をもっているのが精神的暴力です。心がとても傷ついて、うつ状態になって朝起きられなかったり、人がたくさんいるところに出られない人に対して、「でもさ、それって3年前の話でしょ」「いつまでも気にしてないで、何とかしていこうよ」「もうそろそろ新しい人を見つけたら」などと言うのではなく、「私に何かできる?」「話を聞くことはできるよ」と言ってあげてください。元気になりたいと一番望んでいるのは本人ですし、それができなくてフラストレーションを感じているのに、周りの人から「もう」や「そろそろ」と言われて、元気を感じられはしません。心の傷は時間と無関係だということを忘れないでください。

## 5　混乱について

　Traumatic Bonding（トラウマティックボンディング）という言葉について説明をします。恋愛関係にある2人がいるとします。お互い尊重し合っていたら理想ですが、そうではなく、暴力が発生したとします。暴力が発生した瞬間に、尊重が消えます。暴力と尊重とは両立不可能だからです。2人の間には、親密さと暴力という両極端のものだけが残ります。すると、☆さんはだんだん混乱していきます。例えば、☆さんが「別の番組を見たいんだけど」と言った瞬間に殴られて、Bさんがドアをバターンと閉めて部屋を出ていったとすると、部屋に残された☆さんは危機感を感じます。「何をしに行ったんだろう」「戻ってきたらまた殴るのかな」ということが気になって、「逃げたほうがいいのか、とどまったほうがいいのか」など、いろいろなことを考えて緊張が高まります。そこへBさんが部屋に戻ってきて、何もなかったかのようにまたテレビを見始めたとします。すると、それまでの緊張感はすっとなくなり、「ああよかった。今日はこれ以上何もないかもしれない」という安堵感が生じます。こうしたBさんのやり方は、放火魔でありながら消火器を持っているようなものです。人の恐怖心をあおることもできれば、それをシュッと消すこともできます。そうして相手の安全感を奪い上げてしまいます。安全感を奪い上げられるとTraumatic Bondingが生じます。

　Traumatic Bondingとは、トラウマのある関係の中でできる特殊な結びつきです。Bondingとは「くっつく」ということです。☆さんがBさんと別れて一人暮らしを始めて平和な毎日を過ごそうとしているときに、隣の部屋でワーッと大きな声がして、☆さんが急に怖くなったとします。恐怖心が炎のように燃え上がり緊張感が高まって、「危険かもしれない、どうしよう、逃げたほうがいいかも」と思った瞬間に、☆さんが「あの人のところへ戻ろうか」と思いつくのは消火器を持っているBさんです。Bさんは今まで☆さんの恐怖心をあおっては、それをシュッと消して☆さんに安堵感ももたらしてきたので、☆さんはBさんなら今の恐怖心を消してくれるかもしれない、安全だと勘違

いするのです。ここに Traumatic Bonding が発生しています。

　この時、☆さんがＢさんのところに戻る可能性がとても高まっています。「このざわざわした緊張感よりも、あの人との生活は少なくとも馴染みがある」と思ったら戻りたくなります。それが Traumatic Bonding がもたらす影響です。Traumatic Bonding はとてもほどきにくく、いくら周りの人が「ダメだよ、戻るのはやめなよ」と言っても聞きません。すると周りの人たちもフラストレーションを感じます。「一生懸命止めたのに戻っちゃって、また暴力に遭っている。それじゃどうにもできない」と無力感を感じるかもしれません。だから難しいのです。

　混乱についてもうひとつ説明します。Ｂさんが☆さんに暴力を振るい、☆さんが非常に傷ついたとします。その直後にＢさんが、☆さんがオーケーかどうかを確かめずにセックスをしたとします。それは☆さんの性的自己決定権を大切にしていないことですから性暴力です。☆さんは嫌だったけれど、ここでノーなんて言ったら、また暴力が始まるかもしれないと思って我慢します。我慢は大切にされていない証拠です。愛されている関係では我慢は発生しません。そこで傷つきがもっと深いところに入ります。それに対してＢさんは、「自分が振るった暴力なんてたいしたことない。ちょっと押しただけで向こうが勝手に倒れたんだ」「あれは暴力なんかじゃなくて、ただのけんかです」と説明します。虐待の場合も同じです。逮捕される人たちの多くが、「躾でした」と言います。死ぬほどのことを躾とは決して言いません。

　Ｂさんたちは、「あれは小さなこと」で、「終わったことだ」と言います。どうやって終わったかと聞くと、Ｂさんの中には「あの後、仲直りしたからです」と言う人がいます。「あの後、性行為があったからです」と。2人のうちのひとりはセックスを仲直りとか愛情表現と捉えていて、もうひとりはそこでまたものすごく傷ついたと感じています。そのギャップで☆さんはさらに苦しみます。それを愛情表現だと思っている人は、愛情についての定義を再確認しなければいけません。愛情には尊重が不可欠なのです。

　Ｂさんは、「謝ったのに、いつまで言ってるんだ」と言ったりします。謝ればそれで終わり、解決と考えます。本当は、謝る人ができることは謝ることの

みです。それを許すか許さないか決める権利をもっているのは謝られる人です。謝っているのだから許されるべきだというのは、この決定権を奪い上げることなのです。そこでは新たな傷つきが生じます。本当に謝ることはひととしての力を試されます。許してもらえるかどうかを相手に委ねないといけないからです。

　Bさんたちの多くは、自分の暴力を過去にしたがります。☆さんが「もうあなたとやっていけないから別れます」と言うと、慌ててDVの本を読んだりして、「どれだけ傷つけてきたか、やっとわかったから、もう一度チャンスが欲しい」と言ったりします。☆さんはそのときに、「今までこの人がこんな風に言ったことないし、もう一回チャンスがあったほうがいいのかな」と思うかもしれません。そこで要注意なのは、Bさんの「やっとわかった」という過去形です。そんなに簡単にわかるものではありません。今まで何十年間もとってきた行動パターンを変えるには、ものすごく力が要ります。これから毎日努力を重ねる日々だとわかって、初めて変わるかどうかのスタート地点に立てるのです。

　「竜巻会話」と呼ばれる会話があります。


　　B：（不機嫌そうにしている）
　　☆：何かあったの？
　　B：別に。
　　☆：元気ないんじゃない？
　　B：うざいな、いつも元気でいろって言うのかよ
　　☆：そんなつもりで聞いたんじゃないの。心配だから
　　B：うるさい
　　☆：ごめん
　　B：何謝ってるんだよ。とにかく謝っとけばいいと思ってるだろ
　　☆：……
　　B：ほら、いつもそうやって説明できないだろ。疲れるよ、お前には。もういい。帰る
　　☆：えっ、デートは？　ここからどうやって帰ったらいいの？

B：誰かさんのせいで無理。適当に帰れよ

というような会話です。こういう会話は、☆さんが後で誰かに相談しようと思っても、なかなか思い出せません。なぜかというと、論理的なつながりがないからです。論理的なつながりがないものを人間が記憶するのはとても難しいのです。さらに、傷つきが発生しているときはもっと記憶しにくくなります。

　健全なコミュニケーションはキャッチボールです。相手が受けとめやすい言葉をかけ、相手もそうしてくれたら、会話は続きます。この例で☆さんが投げているのはキャッチボールです。でも、Bさんから返ってくるボールはドッジボールです。顔にバシッと当たるような言葉しか返ってきません。ドッジボールをする人とはキャッチボールはできません。☆さんは何度も何度もキャッチボールをしようと思って相手がとりやすいボールを投げるのですが、そのたびにバシッと返ってきます。このパターンも虐待と同じです。

## 6　トラウマと脳

　トラウマと関係のある、脳の中の海馬とアミグダラ（扁桃体）という2つの部分について簡単に説明をします。海馬はタツノオトシゴのような形をしているので海馬と呼ばれます。海馬は出来事を記憶するところで、データセンターのようなものです。例えば、昨日買い物に行って、何時ごろに家を出て、どこのお店に行って、何を買って、いくら使って、何時頃帰ってきたか覚えていられるのは、海馬が機能しているからです。

　アミグダラはとても小さい部分です。通常は活性化されませんが、危険を感じた瞬間に活性化されます。危険だけではありませんが、一番大きく反応するのは危険です。何か怖いものを見てはっとした瞬間にアミグダラは活性化され、アドレナリンなどのホルモンによって危険だという情報を体中に流します。一瞬にして、心臓がドキドキしたり、手が震えたり、変な汗がどっと出てきたりします。人間は、そのように身体に情報発信することによって、構えたり、逃げたり、戦ったりできるようになっています。アミグダラはそのためにとても

大切なところです。

　アミグダラは感情と感覚だけを覚えています。海馬とはまったく違う種類の記憶を、身体に埋め込む形で覚えています。トラウマが発生したときには、コルチゾールなどのストレス系ホルモンが分泌され、それが海馬に入り、データセンターが水没した状態になります。トラウマが発生して海馬が水没している間は、出来事を覚えていない可能性が高いです。一方、アミグダラはとても活性化されているので、出来事が起きたときの感覚や感情、恐怖感を覚えています。

　事件が起きると皆が根掘り葉掘り訊くのは、「それは何時頃起きたんですか」「そこであなたは何をしたんですか」「その時相手の人はどうしたんですか」というようなことですが、海馬が水没状態でしたら覚えていません。そのために解決が難しくなることがあります。逆に、アミグダラが活性化していたため、身体は覚えています。☆さんが、事件が発生した場所を歩こうとしたら、急に膝がガクガクし始めることがあります。それは、かつてその場所で感じた感覚を体が覚えているからです。トラウマの記憶は、8割が身体に埋め込まれて、2割しか脳に残りません。そして、身体のあちこちに散りばめられているトラウマの記憶には、自分で意識してアクセスすることがなかなかできないのです。ですから、トラウマのケアをしていくには時間がかかります。

## 7　尊重のない会話

　尊重がない会話の例を挙げます。

　Xさん：おまえ、コーヒーに砂糖なんて入れるの？
　Yさん：うん、甘いのが好きなんだ
　Xさん：マジで？　コーヒーに砂糖なんて邪道だよ
　Yさん：え、そう？　おいしいよ
　Xさん：はあ？　普通は入れないだろ
　Yさん：おかしいかな？
　Xさん：絶対変だよ。砂糖なんて入れるやついないぜ、子どもじゃないんだ

　　　　から
Yさん：そうなんだ
Xさん：当たり前だろ、常識だよ。何でそんなこと知らないんだよ

という会話です。Xさんの発言は自分の考えを押し付けています。自分の考えが世界基準だと思っていると、こういう発言が出やすくなります。皆さんXさんのような発言をしたことも、Yさんの立場になったこともあると思います。親や友達など、誰かに「そんなの当たり前じゃない」「普通そうだよ」と言ったり言われたりしたことがあるでしょう。みんなやっているのです。

　パートナーシップだけではなく、友達であろうと家族であろうとどんな関係であろうと、人を大切にするということは、こういうところからスタートするのです。

　世の中には「2人だけで、ラブラブでいればOK」というような歌やドラマが多いですが、健全な関係は2人の関係だけでなく、それぞれが自分自身の時間、友達、交友関係、趣味など自分の世界ももっていることが大切です。2人の関係の中にどっぷり入ってしまうと、そこで不健全なことが発生したときに、風通しが悪く、人に相談しにくくなります、いざ別れようと思っても、相手を失うとすべてを失うことになるとしたら、別れることが怖くなるかもしれません。付き合っていても、自分の世界も大切にすることが、自分もお互いも大切にしやすい構造です。

## 8　おわりに

　映画「タイタニック」の最後で、ジャックがローズのために死んでいきますね。「ローズ、君は生きるんだ」と言って、ジャックが海に沈んでいく。あれを見て、「私のジャックはどこにいるの」と憧れる女性が多いと思いますが、あれは映画の世界です。ジャックみたいな人は現実にはいません。ですから、「私を幸せにしてくれる人はどこにいるんだろう」「私が幸せにしてあげられる人はどこにいるんだろう」と考えるのではなく、女性も男性も関係なく、一人ひ

とりが自分の幸せに近づく力をもっていることを忘れないでください。相手に期待するとか、相手を幸せにするのではなく、お互いに自分自身を幸せにすることが大切で、それができる人同士が一緒の幸せをつくっていこうと意識することが大切です。

　人生は、思っていたのと全然違う方向に行ってしまうことがあります。自分はこう生きたかったと思う理想の人生を手放すのはものすごく苦しいことです。自分のもっていた、大切にしていたものが失われたときに、Grief（グリーフ）という言葉が使われます。深い悲しみや喪失に伴う感情を表します。夢や理想の喪失、そしてトラウマはケアされる必要があります。

　トラウマの後は傷つきが目立ちますが、そこには傷つきだけではなく、成長があることを忘れないでください。あの出来事があったからこそ今の自分がいる、すごく苦しかったけれど、何とか乗り越えられたからこそ今の自分がある、と言える可能性があるのです。

---

**考えてみよう**

- 自分の恋人や親密な友人との関係を振り返り、支配－被支配の構造が生じていないか確認してみましょう。
- 恋人からDVを受けていると相談する友人に対して、あなたはどう対応しますか。
- デートDVについて相談できる場所がどこにあるか知っていますか。学内の場所や学外機関の連絡先など調べてみましょう。

# 家族関係を考える

平木典子

家族は、人間が生を受けて最初に出会う社会と言われています。確かに、関係性を生きざるを得ない人間にとって、最初の関係を切り結ぶのは家族です。家族がもつ機能と役割の中で、「ヒト」として生まれ、「人」になり、また「人間」としての基礎を作り上げていくということができるでしょう。

一方で家族の有り様については、時代や社会の変化とともに大きく変化しています。また個人の生から死までのライフサイクルと同様に、家族にもライフサイクルがあります。自分や保護者の自分史年表と家族のライフサイクルを重ね合わせて見るとき、家族についての新たな視点を発見する機会ともなるでしょう。

この章では大学生の視点で家族を捉え直すことを学びましょう。

## 1　はじめに

　社会に向かっていかれる皆さんに、生まれたときから必ず何らかの形で関係をもち、今も関係がある、あるいは関係がないという関係がある、そういう人々との関係について、家族心理学と家族療法の視点から考えたいと思います。
　1つ目は、家族をいくつかの学問領域から研究した人たちの考え方を引用して、家族とは何かについて考えます。家族は一番身近な集団であり、一番情緒的に関わり合っている集団です。それについて、心理学や社会学、人類学などで家族を研究している人たちが、今、家族をどう見ているかについて紹介します。
　2番目に、家族を関係し合っている集団として見ることについて解説します。別の言い方をすると、「システムとして見る」あるいは「関係性から見る」ということです。システムという言葉は組織とか体系と理解されていると思いますが、家族もさまざまな人々が関わり合っている体系として見ることが重要なポイントです。そのことを理解していただくと、自分の家族を見る場合、それから、これから家族をつくろうとする場合にも役に立つだろうと思っています。
　3番目に、家族をつくろうと思っている皆さんは、自分の生まれ育った家族がどんな家族であったとしても、家族をつくる相手とは親密な関係でいたいと思うでしょう。その親密な関係を創るためのヒントになることを述べます。
　関係性を見るという視点は、家族だけではなく、皆さんのサークル活動や友人関係を見る視点にも役立ちますし、社会に出て、人々との関係の中で仕事をしたり、関わり合ったりしていくときにも役に立つと思います。

## 2　家族とは

　家族とは、歴史的な変化や社会的な変化を何世代にもわたって生きている任意集団です。任意集団というのは、自分たちが家族になろうと思った人たちが、お互いを家族だと思っている集団だということです。

皆さんは当たり前の定義だと思われるかもしれませんが、家族の形が変わり、家族が果たす機能も変わってきた現代は、家族を定義することができなくなっています。皆さんに「家族とは何ですか」と尋ねると、いろいろな答えが出てくると思います。例えば、「家族は血縁のある集団です」「親子が一緒に住みます」などです。実は、家族はもうそんなものではなくなっています。昔は、家族は自分たちでものをつくって食べる、そのためには一緒に住むことが一番便利だという、生産と居住の集団でした。別の言い方をすれば、道具的機能を果たす集団でした。道具的機能というのは、便利さのために家族というものをつくったという意味です。その中身は、子どもを産み、この世の中で生き延びる養育、教育をする集団です。そして、一緒に助け合って生きる、便利を共有する集団としての道具的機能があったのですが、今、家族は、そういう機能はほとんどなくなった集団になっています。もちろん、このような機能がまったくなくなったわけではありませんが、例えば、生殖医療技術が進み、家族でなくても子どもを産むことに制限がなくなりました。また、子どもが生まれた後で家族になるカップルもいますし、再婚の家族では、別の配偶者との間に産まれた子どもたちを家族にすることもありますし、養子や里子も家族です。生殖を前提としない家族が当たり前になっています。

養育や教育については、ゼロ歳児から保育園に預け、保育園や幼稚園、小学校から大学まで、教育は外の機関に任せるようになりましたので、家族で躾をするとか、家族の習慣を大切にして伝統を受け継ぐことも少なくなりました。そういう意味では、家族が教育に実質的に責任をもたなければならないということはなくなりました。また、朝起きて一緒にご飯を食べる家族はどれぐらいあるでしょう。夕ご飯を家族そろって食べる人たちも少なくなっているのではないでしょうか。父親は働いて遅く帰ってくるし、母親も仕事をしていたり、子どもたちは塾に行ったり、サッカーの練習に行ったり、と一人ひとりが自由に動き回り、一家団らんがない家族もたくさんあります。

つまり、顔を合わせ、集まって家族でなければできないことはどんどんなくなり、現代の家族は、一人ひとりで便利さを追求できるのです。いま、皆さんが家族に求めるものは、相手と安定した親密な交流がもてることであり、道具

的機能よりも、心理的機能でしょう。アンケート調査などで「あなたは結婚に何を求めますか」という質問をすると、だいたい「親密で安定した関係」が1位になります。もちろん、昔の家族にも情緒的安定を得る機能はありました。生殖と教育と生活が常にともに行なわれる中で生まれる親密さが十分あったのですが、現代人は、家族の形の変化にともなって生じたさまざまな機能が外部化されたことによって、家族には情緒的安定機能をより強く求めるようになりました。

しかし、出入りが激しくて、一人ひとりが自分の目的とやりたいこと、あるいはやらなければならないことに向かって動いている家族は、親密な関係の機能を果たさなくなってきました。その典型的な変化が親子関係です。昔の親子関係には、親が子どもを自立させるまで責任をもって教育し、生活を保障することがありました。もちろん今もそれがないわけではありません。「現代の子どもは、授かるからつくるになった」。これは発達心理学の柏木惠子先生の言葉ですが、かつて子どもは、結婚して天から授かる存在で、親は次代を背負っていく人たちを宝物として育てていく役割を感じていましたが、今は、子どもは自分たちが思うように「つくる」ことができる存在になって、産児制限をすることもできるし、生殖医療で子どもをつくることもできるようになったということです。そして、生殖医療に対する過剰な期待と、愛情という名の支配が起こることによって、「この子のために大変な思いをしたのだから、ぜひ○○大学に行ってもらいたい」「こんな子どもになってもらいたい」という親の思いがあふれます。親はそれを愛情だと思っていますが、子どもにとっては過干渉だったり、時には虐待だったりすることが起こっています。少ない子どもを自分の理想のとおりに育てたいという親の思いで、子どもたちにはかなりのプレッシャーがかかっています。

現代の家族でもうひとつ重要なポイントは、日本が世界で一番早く体験する長寿高齢化が起き始めたことです。介護の長期化がとても大きな問題です。私は最近、長期化した介護、特に認知症の親の介護で困ったり、くたくたになった人たちのカウンセリングをすることがあります。あっと言う間に物忘れがひどくなって、「なぜこれをやっちゃいけないんだ」「なぜ外に出かけてはいけな

いと言うんだ」「自由にお金を下ろせていたのに、私のお金がなくなった」「誰かがお金をとったんだろう、泥棒がいるんじゃないか」というように、理不尽なことを次から次へと訴え、それに対応しなければならない家族がたくさんいます。「違うんだって。あなたはこういうことができなくなったでしょう、だから私が代わりにするのよ」と家族が言っても、次の日にはけろっと忘れて、また「なぜ私のカードがないのよ」と言われるわけです。そこでまた同じ説明をする。それが本人には「あんたはだめだ、だめだ」と言われているように思えるので、「なんで私がこんなに怒られなくちゃならないのよ」と怒り出してあばれる、ということになっていきます。

　家族心理学の視点から見ると、お互いによかれと思ってやっていること、あるいはお互いに自分の思いを伝えようとして言っていることが、認知症の人には違うように聞こえて、「責められている、ひとりぼっちで放っておかれている、何もさせてもらえない」となり、いくら「あなたのためにしたのだ」と言っても、「ダメだと言っている」ことになるのです。昔だったら体が弱って動けなくなるところで始まった介護が、体はピンピンしているけれども考えや話が普通と違う状況になるわけです。そういうことを心理学では「曖昧な喪失」と呼びます。目の前で死を迎えて、さようならを言って、「おばあちゃん死んじゃったんだな」と思う、というような場合は、はっきりした死を目の前にすることができます。しかし、身体が元気でも認知症になってこれまでのようにつき合えなくなったり、老化は進んでいるけれどもさまざまな医療の発展でいつ死を迎えるのかわからなかったりする喪失の長期化が「曖昧な喪失」です。

　この「曖昧な喪失」は、これから皆さんたちが体験することになる可能性があります。また、「さようなら」を言わないで別れてしまう別れは、曖昧な喪失になります。例えば、きちんと別れることができなかった失恋や、人がその後どうなったのかわからないまま過ごすこと、災害や戦争で遺体を迎えることができないときなどの喪失は家族にとってとてもつらい曖昧な喪失です。そんな喪失を目の前にして介護をしなければならない状況が、今、家族で起こっています。

　自分たちが思いどおりに子どもをつくることになり、たくさんの子どもを産

むことをやめて少子化が起こり、同時に医療の進歩によって高齢化が進み、少子高齢化という状況がどんどん進んでいます。一方、例えば、子どもたちがみんな都市部に出てきていて、田舎にいる父親や母親の介護ができない場合は、親戚や他人が介護を引き受けたりすることになります。そんな状況の中で、家族心理学会の国際大会では、「家族とは自分たちが家族だと思っている人たち」という定義をしました。血のつながりとか、一緒に過ごすとか、そんなことではないのです。

## 3　家族を関係（システム）として理解する

　そんな家族を私たちはどのように理解することができるでしょうか。
　皆さんは「私の母は」とか「私の父は」と、自分の家族の話をすると思いますが、この「私の母は」と言っている家族は、現実の人ではありません。どういうことかというと、「私は母親という人をこのように捉えています」「父親をこんな人だと思っています」ということを言っているのであって、「自分の見方で父親や母親を捉えている」ということです。この「私の父は」とか「私の母は」という語りはとても重要です。なぜなら、私たちは自分の体験したことを語り、生きていくからです。「母がとても冷たい人」だと思っていたとしたら、そのイメージに傷ついていたり、あるいは、冷たい人というイメージを苦しく思って生きていたりするので、重要なのです。それを、「あなたのイメージなだけで、本当の母親ではないでしょう」などと言うことはできません。むしろ、自分が捉えたイメージが自分自身を苦しめ、つき合いづらいと思うので、それは心の内の現実だと思うことが大切です。
　ですから、友達が「私の母は」とか「私の弟は」という話をしているときに、「本当はそんな母親じゃないんじゃないの」と聞いてしまうと、その人の心の内なる現実の世界を受け取ることができなくなります。その人は母親や弟をそのように捉えることによって、こういう思いになるのだなと、その人の身になって心理的現実の世界を受け取ることが、友達として非常に重要だと思います。
　逆に、イメージではなくて、現実を描写した言い方をすることがあります。

例えば、「母は私に『あなたはだらしがない』と言った」というときの母親です。これは、多少イメージも入っているかもしれませんが、かなり現実に近い描写をしていると考えることができます。その母親の刺激や影響を伝える具体的な言動を描写してくれているので、「『あなたはだらしがないんだから』といつも母親が言ったのよ。だから、私は腹を立てているんです」と言われたら、なるほど、そういうことに腹を立てているのだとわかります。けれども、「私の母は冷たい人です」と言われただけでは、わからないこともあります。家族について心理的な現実に近い語りをすることもできれば、現実に影響を与え合っている具体的な言動として理解することもできます。

　イメージの家族と実際の言動を描写した家族、この２つは、皆さんも馴染みがあるだろうと思います。家族を理解する上で大切な視点の３つ目は、対人関係として見る、相互作用を見るということです。母親が「あなたはまったくだらしがないわね」と言った。それについて「母親はうるさい人なんです」「ちっとも私のことをわかってくれないんです」と、その人の受け止めを聞くこともできますが、「それであなたはそれに何と答えたの？」ときくこともできます。母親にそういうふうに言われたときのその人の反応をきくと、そのやりとりが分かります。例えば、「『私はちゃんとやってるじゃん。あれもちゃんとやったし、それもちゃんとやったわよ』と言った」と言ったら、「そうか、この人はちゃんとやっているのに、だらしがないと言われたので腹を立てたんだな」とわかります。それに母親はどう反応したか。現実のやりとりで何が起こっているか、相互作用によって具体的に知ろうとすると、家族とはお互いに循環的に関わり合っている集団だということがわかります。

　そうすると、家族の中で何が起こっているのか理解しやすくなります。家族療法では、この３つ目の方法で家族を理解しようとします。「そうか、あなたはお母さんからそう言われてがっかりしちゃったのね」というのと、「あなたがちゃんとやっているところがあるのに、お母さんはちゃんとやっていないところを見ちゃうのね」というのは少し違うでしょう。そういうちょっとした違いの理解をして、関係がどうなっているかを考えようとすると、家族の関係性が理解できます。関係の中で人は動き、感じ、考えていることがわかるのです。

そのように考えると、皆さんの日常で、友達とうまくいかなかったときとうまくいったときは関係がどうなっているかが見えます。例えば、サークル活動でミーティングがうまくいかないときに、そこにどんな関係が起きているかを見ることができるようになります。

さらに大切なことは、家族は家族関係の中だけで生きているのではなく、例えば、父親は会社員、母親はパート、娘は大学生、息子は中学生というように、それぞれがいろいろな人たちと関わっていて、その関係を家族に持ち込みますし、また、自分たちの家族の関係をもってそれぞれの場に出ていきます。このような様子を全体でみると図10-1のようになります。家族を捉えるには、個人の内面、家族関係、家族を取り巻く友人や周りの人々、そして社会、世界との関係で見ていくことが大切だということです。

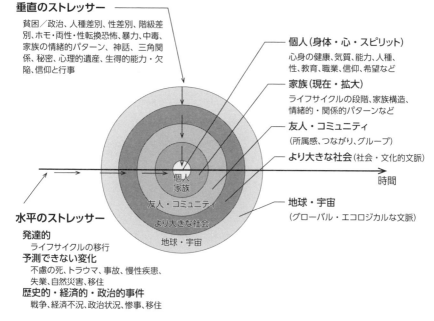

(Carter, McGoldrick, Garcia-Preto 2011 を平木が簡略化)

図10-1　家族理解のための多文脈的視点

個人の内的な世界も、さまざまなものから成り立っていますが、そこに外側から刺激が入ってきます。それを、私たちは相手の影響として見てしまいがちです。例えば、「お母さんはいつも私にうるさく言って、過干渉な人だ」という母親批判になり、あの人が原因でこのようになったと考えがちです。

しかし、そのように考えたことが、相手に影響を与えると、それはまた相手への原因となって問題が起こる可能性があります。つまり、原因と結果は相互に循環的に影響し合って問題がつくられます。これが4人家族だと、その影響関係は4人の中で循環していくことになります。このような循環的な相互作用があちこちで起こっているのが家族です。さらに親せき縁者を巻き込むこともあります。図10-2を見ると、その循環がわかるでしょう。

皆さんのサークル活動でも同じですが、原因と結果は円環的、循環的にぐるぐる回っていますので、私たちの対人関係は何が原因で何が結果なのかわからないような状況になっているのです。私たちはよく、あの人がこう言ったからこうなったとか、私がこうしたらまずかったのではなかろうかという考え方を

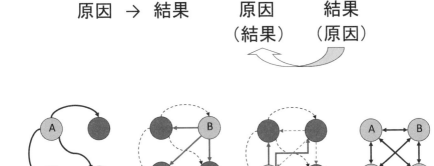

図10-2　家族内相互作用の循環

しがちです。一人ひとり違う心の世界をもつ人が、さまざまな人と関わり合い、互いに影響を与えながら生きているという現実を捉えることが重要です。これが家族心理学の家族の見方です。

　このように私たちの生活全体を関わりの連鎖としてみることをシステムとしてみるとか、システミック（systemic）に見るといいます。さまざまな要素が集まってできている人や家族といった相互作用しているシステムを図 10-1 のように鳥瞰し、要素を細かく分解して理解するのではなく、分解したものを再び統合して理解しようとするのです。つまり、ものごとを関係性として捉えようとするのです。

　とりわけ人間が作るシステムは、物がつくる非生体システムのように原因と結果が直線でつながっていませんので、直前の人の動きや出来事だけを原因だとは考えないわけです。

　例えば、父親が母親に対して「そんなにガタガタ言わなくてもいいのに」と思うのは、お母さんだけを見て思っているのではなく、「会社の同じ年頃の女性と比べたら、うちの娘は結構よくやっている」ということなのかもしれません。母親が娘にいろいろ言うのは、母親自身の母親の影響かもしれません。あるいは、「娘がちゃんとしないと、私の仕事が増える」ので言っているかもしれません。

　家族の中で症状や問題行動を起こす人がいますが、家族療法ではこの人をIP（Identified Patient）と呼びます。IP というのは、「患者と同定された人」という意味ですが、家族というシステムの中で何らかのサインを出して何かが起こっていることを教えている人です。家族療法では、この人を患者とか問題だと捉えないで、システムのどこかで問題が起こっていて、その人が SOS を出していると考えます。一番敏感な人が敏感さゆえに症状を起こすかもしれないし、一番耐えられない人が引きこもりとか暴力という行動で問題を表現するかもしれません。それらは原因がわからない状況の中からの SOS だと考えます。それは IP の SOS であると同時に、システム全体の SOS でもあります。

　システム全体と言うと、家族が問題なのかと思われるかもしれませんが、そうではありません。家族は、前の代の家族の影響も受け、地域社会の影響も受

け、生活しています。家族だけではなくて、その人が属しているシステム全体です。つまり、家族療法は、個人を患者や問題として見ないと同時に、家族が問題だとか、変わらなければならないとは考えません。IP とされている人は犠牲者であると同時に、大変な状況が起こっていると教えている救済者でもあります。その人が症状を出すことによって、その人と周りにいる人たちの中によい循環が起こらなくなっている可能性があると、私たちに知らせてくれているのです。

　IP や周りの人々がどこからどんな影響を受けているのか、それを探すのも無理だし、探してもあまり意味がありません。従って家族療法では、一番身近で、変わる可能性あるところで、関係を変える手伝いをしようとするのです。家族の関係を助け、家族が団結して問題を解決しようとすれば、不登校の子どもが学校に行けるようになったり、学校で多少いじめられても平気になったり、対応できるようになったりします。そのようにして、自分たちも元気になり、学校というシステムにもいい影響を与えることになるかもしれません。

　葛藤が継続しているような状況があったとしたら、一人でではなく、関係している人が協力してそれを変えることをやってみましょう。調整が不全なのは家族内だけではなく、環境が調整を不全にしていることもあるので、私たちはコミュニティの変化も視野に入れておかなければなりません。学校に行けなくなったのは、家族の問題ではなくて、学校の問題かもしれないし、その学校と家族がいるコミュニティの問題かもしれません。そんな大きな世界の影響を考える必要があります。

## 4　親密な家族関係を創るには

　親密な家族関係を創るにはどうしたらいいのでしょうか。
　それは、問題の原因を個人に帰さないことです。「○○が悪いから家族がおかしくなった」「○○が治りさえすれば家族はうまくいくのに」と考えず、家族が一緒になって協働すれば、解決できることはたくさんあります。例えば、母親が「この子はまったくだらしがない」と言うと、父親が「そんなことはな

いよ。娘はちゃんとやっているじゃないか」と言うとき、私たちはこれを違う見方の対立と思いがちです。しかしシステムとしてみると、原因と結果が循環しているので、それぞれが異なる意見を出して解決しようとしているのだと捉えることができます。相手を批判するのではなく、新しいものの見方を提起しようと理解するならば、対立の悪循環を起こすことはなくなり、問題の解決の道を探っていることになり、話し合いの余地が生まれます。

関係は関わりやコミュニケーションによって作られるので、コミュニケーションを変えると関係も変わります。皆さんも家族に戻ってコミュニケーションを変えてみませんか。

それは大学でも職場でも同じだということを覚えて、社会人への階段を上っていただきたいと思います。

■ 参考文献 ■

① 平木典子・中釜洋子　2006「家族の心理－家族への理解を深めるために」サイエンス社
② 平木典子・中釜洋子・友田尋子　2011「親密な人間関係のための臨床心理学－家族とつながり、愛し、ケアする力」金子書房
③ 平木典子・柏木惠子　2012「家族を生きる－違いを乗り越えるコミュニケーション」東京大学出版会

- 考えてみよう
  - 自分の家族の歴史を祖父母の代まで含めて振り返ってみましょう。どのような家族の物語がそこに見られるでしょうか。
  - 家族がもつ機能の中で、何が一番重要か考えてみましょう。
  - 大学内で、家族のことについて相談に応じる場所は学生相談所ないし保健管理センターです。キャンパスのどこにあるのか、確認しておきましょう。

# 第11章

## さわやかな関係を築く自己表現

山中淑江

　あなたは人から何かを頼まれたり、何かに誘われたりしたときに、自分の気が進まなかったら、はっきりNOということができますか？人間関係の中で、相手からどう思われるか、相手に嫌な思いをさせないように、と考えすぎて、不本意な成り行きになってしまったり、不満をもったりすることはないでしょうか。人との関係は大事ですが、そのために我慢ばかりしてストレスを溜め込んだり、相手を思い通りに操ろうとしたりしても、お互いに気持ちのよい関係は築けません。

　人と人との関係に対立や葛藤はつきものです。それを前提に、お互いの基本的人権を尊重し合い、対立や葛藤を乗り越えて、さわやかな関係を築く可能性があります。この章ではお互いを尊重しあうさわやかな関係を作り出すための考え方や方法について学びましょう。

## 1　現代社会とアサーション

　私たちが今生きている現代社会において求められる生き方について3つの特徴を挙げます。1つは、現代社会がどういう社会かというと、いろいろな地域、いろいろな年代、そしていろいろな文化背景をもった人、日本人だけではなくいろいろな国の人が行き来する、交流する、そして一緒に何かをするという社会です。ですから、伝統とか習慣に頼らないで新たな人間関係をつくっていかなければなりません。それから、自己選択や自己責任が要請される社会です。説明するべきことは説明しているから、その結果何か起きたとしても、それは自分の責任だということが厳しく突きつけられる社会です。3つ目は、いろいろな人たちが共存する社会ですから、多様性を受容することが重要になってきています。こういう中で、私たちはどういうコミュニケーションをとっていったらいいのかということをあらためて一緒に考えていきたいと思います。

　ここではアサーションという言葉を紹介します。聞いたことのある人もいるかもしれません。辞書でAssertionという言葉を引くと、「自己表現」「断言する」「断行する」などが出てきます。これらは「自分が表現する」「自分がはっきりとものを言う・する」という意味ですが、私たちが自分の言いたいことを言いにくいときには、人間関係の中で相手がいて、相手のことを考えると自分が言いたいことを言っていいのか、どんなふうに言ったらいいのかを考えざるを得ないのだと思います。

　アサーションには、2つ定義があります。1つ目の定義は、「自分の考え・意見・気持ち・希望・欲求を率直に正直にかつ適切な方法で伝える」というものです。2つ目は、「自分の基本的人権と相手の基本的人権を相互に尊重する精神で行なうコミュニケーション」です。何をするのかしないのか自分のことは自分で決める、自分のことを表現する、ということは基本的人権です。自分の基本的人権は自分で守らなくてはなりません。そして、自分が言いさえすればいい、自分がしさえすればいい、ということではなく、相手も同様に基本的人権をもった人なので、お互いに尊重することを考えなければいけない、そうい

う姿勢で行なうコミュニケーションであり、相互に尊重して一緒にいたり、一緒に何かをしたりするためにはコミュニケーションをとらなければなりません。この2つのことを合わせてアサーションという意味だと理解してください。

現代人のコミュニケーションの傾向として、ストレスを避けようとしてストレスを蓄積してしまう、ということがあります。人と人との間で葛藤があったり対立があったりするときに、皆さんはできれば面倒なことやもめごとは避けたいと、思うでしょう。でも、人間関係の問題は避けきれないことが多いのです。そのときに避けても、関係がある限りいずれまた自分の前に立ち現われてきます。そしておそらく問題は、もう一度現れたときのほうが初めに出会ったときよりも大きくなったり複雑になったりしているものです。こうして、問題を避けようとして、その結果、より大きいストレスを蓄積してしまいます。

葛藤というのは両者の言い分が違うということです。葛藤を避ける方法として、1つ目のやり方は自分を相手に押しつけることです。2つ目は、受け身的に相手の言うことを受け入れることです。葛藤を避けようと思うとこの2つのやり方、自分が押し通すか自分があきらめたり我慢したりするか、この2つしかないと考えると、いずれにしろストレスが溜まります。

## 2　言動の3つのタイプ
### —— 攻撃的・ノンアサーティブ・アサーティブ

心理学は心を対象とするものですが、心はどういうものかどこにあるのかわからないものです。そういう目に見えない、わからないものを対象にするのではなく、誰にもわかる言動を対象にして、そこから人間の心を探っていこうという考え方が行動心理学です。その行動心理学者のひとり Wolpe という人が、人の言動には3つのタイプがあると言っています。1つ目は、自分が優先で他者は無視というあり方です。2つ目は、他者が優先で自分は後回し。3つ目は、自分も大切だし他者にも配慮する。こういう3つのタイプがあると言っています。これに名前をつけます。「自分が優先で他者は無視」を攻撃的、「他者が優先で自分は後回し」をノンアサーティブ、「自分も大切だし他者にも配慮する」をアサーティブと呼びます。

この3つのタイプをもう少し説明します。攻撃的は、自分はOKで、あなたはダメ、not OKだという考え方に基づいています。ノンアサーティブは、あなたはOKだけれど自分はnot OKだ、という考え方です。それらに対して、自分も他者もどちらもOKな存在だから、そこからどう歩み寄れるのか、理解し合えるのかを探っていこうというのがアサーティブです。

　攻撃的は、実際にはどういう言動かというと、「相手を無視する」、「相手の言うことを聞かない」、「相手をばかにする」、「相手を認めない」、「押しつける」、「決めつける」、「操作する」などの言動です。ノンアサーティブは、「自分の意見を言わない」「相手に伝わりにくく、ぐじゃぐじゃと言う」「言っても相手が聞いてくれないとすぐに引っ込んでしまう」「自己否定的に言う」「相手に無視されたり気に留められないような言い方をする」「自分にうそをつく」などの言動です。こういう風にいうと、「そんな人はよっぽどじゃない？」と思われるかもしれませんが、例えば、皆さんは何か発言する前に、「あの、たいしたことじゃないんですけど」「間違っているかもしれませんけど」「あまり気にしなくていいからね」などの言葉をつけて言うことはありませんか。ほんの枕ことばとして言っているつもりかもしれませんが、このような言葉は、言語的には、「自分の言うことは取るに足らないので、無視していいです」と伝えていることになります。

　このように説明すると、攻撃的というのは、いつも堂々としていて、大きな声で、頭ごなしにものを言う、というようなイメージで、ノンアサーティブは、姿勢が悪くて、もじもじ隅のほうにいて、小さい声でぼそぼそと言うようなイメージをもつかもしれません。そういう見かけの強気や弱気とは必ずしも一致しません。例えば、皆さんは沈黙がとてもプレッシャーになるという経験をしたことがありませんか。相手は黙り込んで何にも言わないけれど、それがすごく圧力になって、結局自分が折れてしまう、というようなことがあると思います。あるいは、嫌み、皮肉、当てこすりです。自分のことははっきり言わないけれど、ぼそっと嫌みを言う、そういう言動は静かですが、攻撃的です。一方、にぎやかなノンアサーティブもあります。コンパなどで、にぎやかにして場を盛り上げてくれる楽しい人がいます。「あの人が来ると絶対楽しいからまた誘

おうよ」と言われたりします。自分でもそういうことを期待されているとわかっているので、誘われれば必ず行って、テンションを上げてノリノリで騒ぎます。そういう人でも、終わったあとに「ああ、疲れた」「今日は本当は、そういう気分じゃなかったけど、誘われるとついつい行っちゃうんだよな」「行かなければよかったな」と思うことがあるかもしれません。「本当は1人で静かに過ごしたかったのに、みんなに期待されているんじゃないかと思って、無理にハイテンションにして嫌な気分」というのは、自分にうそをついていることになりますから、ノンアサーティブになります。大きな声でたくさんしゃべるとか、引っ込み思案であまりしゃべらない、そういう見かけではなく基本的なスタンスとして、自分ばかりを優先にしているのか、相手を優先にしているのか、そういう違いだと理解してください。

　攻撃的でもノンアサーティブでもなくて、自分も大切だし相手も大切、でも違う人間なのだから、そこに葛藤や違いがあるのは当然で、それをお互いに理解し合ったり、歩み寄ったりして乗り越えていけるか話し合っていきましょう、という態度がアサーティブです。

　具体的な例では、皆さんが急いで食事をしなければいけなくて、駅前のラーメン屋に入ったとします。醤油ラーメンを注文したけれども、出てきたのは味噌ラーメンでした。そういうときにどうしますか。「これ間違っているよ。すぐに作り直して」「何を聞いているんだ、ひどい店だな」というようなことを怒鳴れば、攻撃的です。初めから相手が悪いと決めつけて、自分の意思を通そうとする態度は攻撃的です。

　（え、違う）と思ったけれども、（「違います」と言ってお店の人に「さっき味噌って言ったよ」と言われちゃったら嫌だな）とか、（そんなやりとりをしているのを他のお客さんにじろじろ見られるのは嫌だな）と思い黙って食べたけれど、（本当は醤油ラーメンがよかったのに、今日の気分はもう最低）というように、後までずっと嫌な気分を引きずるならば、それはノンアサーティブです。

　では、アサーティブだったらどうするかというと、答えは1つではありません。アサーティブは、こう言う、こうする、と決まっているわけではなく、そ

のときに自分で判断して、とりたい言動をきちんととれるかということです。「これは味噌ラーメンですが、私が注文したのは醤油ラーメンです」と言ったら、もしかしたら「あ、それはこっちのお客さんでしたね」ということで、すぐに自分のが出てくるかもしれません。あるいは、「いや、お客さん、さっき確かに味噌ラーメンと言いましたよ」という話になるかもしれません。でも、「私は醤油ラーメンを注文したので作り直してください」と言ってもいいし、もう時間がないので待っているよりこれで済まそうと自分で決めて、「これをいただいちゃいます」という選択もあります。それは自分で選択したことなので、「今日の気分は台無しだ」「あそこの店はひどい」など、いつまでも嫌な気分を引きずらないで、自分が選んだのだから、それでよしとすることです。あくまで自分の意思を通すとか、自分の思い通りになるということではありません。

そんなつもりはなくても、私たちはともすると攻撃的になっているかもしれません。それはこういう言葉を使うときです。「空気が読めない」「当たり前でしょ」「普通しないよね」「常識だよね」「あり得ない」など、これらは、自分の基準を断定的に人に押しつける言葉です。ことに、「空気が読めない」という言葉が一般化しました。日本の情緒や文化ともいえる「察し合う」「言葉を介さないでも通じ合う」などという関係を否定するわけではありません。でも、誰も彼も察し合えるわけではないでしょう。ごく親しく、お互いよく理解している間だったら言わなくても通じることもあります。また、同じものを共有している仲間内だったら、皆がわかっていることもあるかもしれません。でも、いつも「当たり前」や「常識」に頼っていては、それを共有していない人とはコミュニケーションが取れません。そして、「空気が読めない」「常識でしょう」と言うときには、相手を排除するニュアンスがあります。そう言われたら、決して褒められたとは思わないでしょう。非難された、排除された感じをもつことになると思います。また、「みんな言ってるよ」や「いっつもそうじゃない」など物事や状況を全部同じであるかのような言い方で圧迫感があります。でも、関係者全員が同じ、状況が常に変わらないということはありません。「あなたはいつもこうだよね」「みんな言っているよ」などという言葉は、何気ないようで相手は全否定されたような気がして傷つく言葉です。普段話している言葉

を、一度振り返ってみてください。

　さて、人はどうして攻撃的になるのでしょう。まず１つ目は、人間関係を勝ち負けや競争で考えると攻撃的になりやすいです。もしかして自分もそうかなと思う人がいたら、早めに変えられたほうがいいと思います。人間関係を勝ち負けや競争で考えると、相手の言うことに納得するとか、相手に譲ることは自分の負けになりますから、それができません。絶対に相手の言うことには納得しないという固い姿勢をとらざるを得ず、自分を押し通すことになってしまいます。言い合いになると、本当は自分が間違っているとわかっても引かない、というようなことが起きます。身近な大人、お父さんやお母さんにそういう人がいらっしゃいませんか。そういう人と常に接していると、多かれ少なかれ影響を受けるものです。「うちの親、困るよな」と思っている人がいたら、自分のことも省みてください。人間関係を勝ち負けだとすると、いつも勝ち続けることはできませんから、どこかで必ず悔しい腹立たしい思いをすることになりますし、相手に不快な思いをさせて気持ちのいい関係が築けません。また、自分自身が成長しませんし、人と生産的な議論や協力ができません。ですから、これは早めに見直すことをお勧めします。

　次に、例えば、ＡさんがアルバイトAの店長から理不尽に叱られたとします。Ａさんは店長に逆らわず、でもむしゃくしゃした気分でサークルに行き、後輩のＢさんのミスに対して「最近たるんでいるんじゃないか」と、必要以上に厳しいことを言いました。Ｂさんは、先輩には「すみません」と言ったものの、ふてくされた気分で恋人のＣさんに会い、Ｂさんの不機嫌な様子を気遣うＣさんに「なんでもないっていってるだろう。今日はもう帰る」と言って帰ってしまいました。ＣさんはムッとしながAｓら家に帰り、話しかけるお母さんに「うるさいな。疲れているんだから放っておいてよ」と言ってしまいます。こういうことを何と言いますか。「八つ当たり」です。自分より立場の強い人に対してノンアサーティブであったときに、嫌な気分が自分の中に残ります。それを自分よりも立場の弱い人、あるいは甘えていいと思っている相手にぶつける。それが八つ当たりです。

　今度は「堪忍袋の緒が切れる」の話です。「たいしたことじゃないから言わ

ないでもいいか」「もめるからこの場は黙っておこう」「言ってもしようがないや」と思って我慢することがあるでしょう。そのときの嫌な気分は、言わないで我慢したら消えてなくなるかというと消えません。自分の中に溜まっていきます。それがどんどん溜まっていって、ある日いっぱいになって突如爆発することがあります。自分がそうなったり、そうなった人を見たりした体験はないでしょうか。それまでは「いいよ、いいよ」と言ってくれていたから安心してやってもらっていたのに、ある日ちょっとしたこと（たいてい最後の一押しはちょっとしたことです）で、なぜそこで怒るのかわからない、というところで急に怒り出して、「みんなが私のことを無視している」「今までずっとそうだったじゃない」「私がどれだけ我慢してきたと思っているの」というようなことをまくし立て、「もう二度と付き合わない」ということになってしまうことがあります。堪忍袋の緒が切れるという言葉通り、我慢の限界で心の糸がプッツンと切れてしまったかのように、ため込んだものが爆発します。そして、人間関係が壊れてしまい、自分自身も自己嫌悪になるということが起きます。これもノンアサーティブであったために、溜め込んだ挙句に反転して攻撃的になる例です。

　攻撃的やノンアサーティブと対比することで、アサーティブのイメージがつかめてきたでしょうか。

## 3　怒りの感情について

　では、このような怒りの感情をどうしたらよいでしょう。八つ当たりをすると人を嫌な気分にさせますし、爆発してしまうのも人間関係を壊します。もっと我慢していたらいいのかというと、そうではありません。溜め込んだ怒りがいっぱいになると、それが自分に向かってしまいます。身体に向けられると、頭痛、肩こり、喉の違和感、皮膚の疾患、胃腸の障害、トイレが近い、腰が痛いなどありとあらゆる身体症状に表れることがあります。それが自分の心に向けられると、「自分なんている意味がない」「自分には価値がない」という気分になってしまうことがあります。これがうつの発生のメカニズムです。このよ

うに、怒りが溜まりに溜まると自分の身体や心を壊してしまうことがあります。身体や心を損なう前に、感情はできるだけそのときに表現したほうがいいでしょう。

　感情はすべて自分のもので、表現をしていいのです。どんな感情は伝えてよく、どんな感情はいけないということはありません。喜怒哀楽どれも伝えていいのです。とはいえ、日本の文化の中では、怒りを表現するのは難しいと感じられるかと思います。怒りを表現するのは攻撃的になることとは違います。怒りは怒りとして表現していいのです。怒りを表現する方法について説明します。怒りには強弱の程度があります。怒りの程度の真ん中あたりで、「私は怒っている」と自覚します。それから強くなるにつれて、腹が立つ、頭にくる、激怒する、キレる、となっていきます。「激怒」や「キレる」になってしまうと、それをアサーティブに表現することは難しいでしょう。でも、たいていの場合は初めからいきなりキレたりしないのです。怒りを感じても表現しないで、我慢を重ねたり、状況を放置したりしているために怒りが募って手におえないほど強くなってしまうのです。それでは、真ん中から弱いほうはどんな感情でしょう。「怒っている」と自覚するより弱いほうに向かって、イライラする、落ち着かない、もやもやする、という感じがあり、一番弱いものは違和感です。通常私たちは違和感が怒りの感情だとは気がつきません。だから、あえて表現をしないことが多いのです。「たいしたことじゃないから、まあ、いいか」と済ませてしまいます。でも、「私、怒っているの」と言うよりも、「何か違うんだけどなあ」「ちょっと違和感がある」と言うほうがずっと言いやすいですよね。ですから、頭にきたり腹が立ったりするより、もっとずっと手前で言語化して、相手との間で意見や感情をすり合わせておくと怒らないで済むでしょう。マイルドな怒りの感情は伝えやすいことを覚えておいてください。

　先ほど、怒りの感情の表現は攻撃的とは違うと言いました。ただ、攻撃的になってしまう場合があります。それは、自分が怒っているのは相手のせいだとか、相手に責任をとれという言い方をするときです。私たちは、相手の言動とや出来事が原因で、その結果、自分の反応として言動があったり、感情があったり、事態がある、と考えがちです。怒りや悲しみなど、あまり感じていたく

ない感情をもったり、悪い結果が生じたりしたのは、原因のせいだ、相手のせいだと考えてしまうことが多いのではないでしょうか。でも、同じことを言われたり、同じ出来事に遭ったりしたときに、すべての人が同じ反応をするかというと、そうではありません。例えば、「あなたって自己中心的だよね」と言われてとても傷ついて、人と接するのが怖くなってしまうとします。でも、他の人が同じ言葉を言われたら、「えっ、そんなことないよ」と思うかもしれません。あるいは、「ああ、あなたはそう思うのね。それで、どうしてそう思ったのかもう少し理由を説明してくれる？」と言うかもしれません。あるいは、全然気にしないで笑って流すかもしれませんし、怒り出すかもしれません。他の人に「あの人、こんなこと言ったのよ、ひどくない？」と言いふらすかもしれません。同じことが起きても、人の反応はいろいろです。ということは、そこにその人特有のものの見方や考え方が介在していて、これを通した反応としての言動や感情や結果が生じると考えられるのです。始めの相手の言動や出来事が悪い原因ではなく、その人のものの見方や考え方によって良くない結果が生じたならば、その考え方や見方を変えることで、そんなに悪いことにならないかもしれません。皆さんも人と話して、自分がすごく嫌だと思ったことを、人から「そんなの別に気にしなくていいよ」「たいしたことじゃないんじゃない」と言われたりして、「えーっ」と思うことがありませんか。それは、違う受け止め方もあるということです。「当事者じゃないからそう言うのよ」とすぐに却下しないで、検討してみる価値があると思います。

　話を戻します。そういう自分の受け止め方によって、起きてくることが違うならばその責任は相手が取るべきものではないということです。自分の感情は自分のもので、自分の感情の責任は自分でとることができ、自分でとるものです。自分の感情はどんな感情でも、自分の感情として相手に率直に伝えていいのです。怒りを感じたとき、相手に「怒らされた」のではなくて、自分が「怒った」のだと言ってよいのです。感情は表現しないと消えません。自分の感情を自分のものとしてどうにかしようとする時に、表現するのは重要なことです。ただし、この不快な気持ちをどうにかしようというときに、相手に協力を求めることはできます。自分の怒りの感情を何とか自分なりに収めたいと思い、そ

れに有効なのは相手に、「あなたに謝ってほしい」ということかもしれませんし、「今後そういうことを言わないでほしい」ということかもしれません。あるいは、「お互いの言い分をきちんと話し合おう」ということかもしれません。相手に「何とかしろ」と言うことはできませんが、協力を求めることはできます。

　逆に、相手が怒ったときはどうでしょう。「自分が怒らせちゃった」「私のせいだ」ということではありません。立場を逆にしても同じことで、相手の感情はその人のもので、その人が自分で責任をとるべきものです。それに対して、相手の怒りを収めるために協力してあげてもいいと思ったら、謝るなり、もうしないねと言うなり、話し合うなりしてもよいのです。

　肝心なのは、自分と相手の感情の境目を混ぜないことです。自分のものは自分のもの、相手のものは相手のもので、それぞれ尊重をするということと、相手に「怒らされた」「気を遣わされた」「傷つけられた」など、そういう言葉遣いに示されるような、お互いの気持ちが入り込んだ関係の捉え方はやめましょうという提案です。

## 4　人と気持ちの良い関係をつくるために

　日常生活のいろいろな場面で、また、いろいろな相手との自分のあり方を思い浮かべてください。アサーティブになれる場面や相手もあれば、ノンアサーティブに、あるいは攻撃的になってしまう場面や相手があると思います。例えば、褒めるとか、好意を伝えるとか、感謝を伝えるとか、そういうポジティブなことは言いやすいけれども、批判をするとか、頼みを断るとか、そういうネガティブなことがどうも言えないという人もいるかもしれません。また、自分から相手に働き掛ける場面と、相手から働き掛けられたときに対応する場面で、得意や不得意ということがあるかもしれません。同じ場面でも相手によって違うこともあるでしょう。友達にはアサーティブな態度がとれるけれど、家族にはうまく言えないとか、目上の人や権威のある人に対しては委縮してしまうこともあるでしょう。そういう自分の傾向を振り返ってみてください。身近な人からどう見えているか話し合うのもいいでしょう。

必ずアサーティブにならなければいけない、いつもアサーティブでなければいけない、と言っているわけではありません。そういうコミュニケーションのあり方や相互に尊重する関係がつくれる可能性があること、立場が違うとか意見が異なるとか利害が対立している間柄であっても、お互いに理解し合ったり歩み寄ったり妥協し合ったりして、共存できる可能性があることを知っていていただきたいと思います。そういう関係をつくるためのポイントを挙げます。
　まず1つ目は、人と人の間には葛藤や対立や相違があるのは当然だということです。私たちは一人ひとり皆違います。それぞれ生まれもった気質や体質も違います。それぞれの家族の中で、学校の中で、地域の文化の中で成長して、顔も身体も違い、もっている能力も違います。そして誰とも違うこと、たった1人しかいないオリジナルであるということがその人の貴重さです。そういう違う人同士が一緒に何かをしようとか、暮らしていこうとするときには、そこには葛藤や対立や相違があるのは当然です。ですから、それを避けよう、一致しているところだけで人と付き合おうと考えるよりは、歩み寄ったり妥協したりすることに努めていく、あるいはその方法を知っているということが大事です。私たちは初めて人と出会ったとき、例えば、「高校はどこだった？」「どこのサークルですか？」「それじゃあ誰々さんを知っていますか？」と、共通点を探します。それはお互い話題が合うところを探すことです。同じところとか同じことを知っていると、少し安心しませんか。そういうところが見つからない人とは嚙み合わないように思ってしまうかもしれませんが、私たちが自分の枠を広げていくには、人と共通したところより人と違うところが自分の可能性を広げていくチャンスです。自分らしさというものは、人と違うところがあって初めて見えてくるものです。違うところを避けて同じところだけで人と付き合うのではなく、もう一歩進んで違うことを楽しみませんか、という提案です。
　2つ目は、課題を達成する機能ばかりを偏重するのではなく、関係を維持する機能との両方でよいバランスをとることです。コミュニケーションには2つの機能があります。課題を達成するパフォーマンス機能と関係を維持するメインテナンス機能です。現代社会では、パフォーマンス機能がより尊重されるところがあります。結果を出すとか、数値で示すとか、プロセスよりも結果がす

べて、というような考え方が強くなっていると思います。

　個々人にもその2つの機能がありますし、集団にもあります。例えば、ゼミでディスカッションをするとか、サークルの幹部会で決め事をするような場面では、課題を達成する機能のほうがより重要だと思うかもしれません、しかし、それだけではぎすぎすした関係で居心地が悪く、率直に意見を言い合ったり聴き合ったり、助け合ったりすることが起こりにくいかもしれません。そのような場面でも、気分を和らげるとか、お互い理解するといったような関係を維持する機能も必要になります。一方、いつも集まって飲み会などでおしゃべりをして楽しいグループへの参加もあるでしょう。それは関係を維持する機能が中心の場所ですが、それだけではだらだらしてしまいがちです。みんなで旅行に行こうというときに、いつどこにどうやっていくのか、きちんと話ができなければ結局流れてしまったりします。ですから、関係を維持することが大事な場面であっても、課題を達成する機能がともにバランスよく働くことが集団が活き活きするために大事です。

　近ごろ、ディスカッションで自分の見解を論理的に主張することが上手な学生が多くなったと思います。でも、それが論理的なようでいて、相手をやり込めること自体が目的であったり、相手の言うことを聞いて理解する努力がなく自分の正当性を主張することに終始したりしては、ディスカッションの意味がありません。課題を達成する機能に優れた人、関係を維持する機能に優れた人のどちらもいますが、まずは、自分が得意な機能を発揮してさらに伸ばしてください。そして、それにプラスして自分がこれまであまり力を入れていない機能も伸ばしていくことを心掛けるといいでしょう。

　3つ目です。さわやかに頼んだりNOを言ったりしましょう。NOを言えない人が多いのではないかと思います。相手の頼みや誘いを断りたいときに、「相手は怒るんじゃないか」「自分を嫌うんじゃないか」「相手を傷つけるんじゃないか」などそういうことを考えて言えないかもしれません。あるいは頼みごとをしたいときに、相手について「いいと言ってくれているけれど本当は嫌なのかな」「頼むと迷惑かしら」と考えて頼めないかもしれません。「相手の裏を読む」「さらに裏の裏を読む」など相手に入り込みすぎてわけがわからなくなる

ことがあるかもしれません。

　でも、私たちは誰でも自分がしたいこと、したくないことを決める権利があるので、罪悪感をもたずに NO と言っていいのです。逆に、人がそれぞれ自分で判断して NO と言えるのであれば、何かを頼むことも遠慮せずにしていいわけです。相手が自立的に判断するのなら、自分が頼むことによって相手に無理やりさせることにはなりません。頼む側も頼まれる側もどちらも同じに、自分がしたいようにしていい権利があり、それを互いに尊重する関係であるならば、自分がしてほしいことを頼めばいいし、断るほうは YES と言っても NO と言ってもいいのです。頼むときには NO と言われることを覚悟します。NO と言うときに罪悪感をもつ必要はありません。このようにできると、話がすっきりして、気持ちよく付き合えます。

　４つ目に、人を操作することより、フェアな関係の中で人に頼めることが大事です。近ごろ本屋で平積みになっている本を見ると、「相手に YES と言わせる……」「相手の心を読む……」など、世の中では人を自分の思いどおりにしようという考え方が強くなっているように思います。自分の思いどおりに人が動いてくれればいいのに、と思うことはあるでしょう。でも、人はみな違いますから、自分がこうしてほしい、ああしてほしいと思うように動いてくれるものではありません。そこで、相手を自分の思いどおりに動かすために、いい気分にさせるとか、おだてるとか、脅すとか、交換条件を出すとか、策を練ってしまうことはありませんか。

　また親子関係に触れますが、皆さんは、親が自分のことを思いどおりにしようとすると反発を感じることがあるかもしれません。例えば、「勉強していい大学に行ってほしい」「就職先はこういうところでないとダメだ」そういう親からの期待や干渉、「あなたのためを思って」「心配だから」という言い方で行動を制限されることなど、重く感じた体験が多かれ少なかれあるかと思います。そういうときに、「息苦しい感じ」「自分は自分なのに」「自分で決めたいのに」という気持ちになったでしょう。頭から押し付ける、おだてる、なだめすかす、情報を操作することによって、私たちは他の人をこういう気持ちにさせているかもしれません。操作する関係はフェアではありません。そこには相手への尊

重がありませんし、相手から恐れられはしても尊重されることはありません。相手は、釈然としない、不自由な、みじめな、自信のない、騙されたような、そんな気持ちになります。そのときには操作されているとは気づかなくても、いつか気がついて関係が壊れます。それよりも、率直に頼むことができると、人間関係がシンプルになり、人生はかなり生きやすくなると思います。

　アサーティブになったらいつもコミュニケーションが滞りなく流れるとか、人間関係の問題がきれいさっぱりなくなるというわけではありません。相手にも自分にも、また一つひとつの問題に対しても、真摯に率直に向き合っていこうという姿勢ですから、むしろ、いろいろな問題に出会うことになるかと思います。そのような問題を乗り越えていくことが、より気持ちよく、フェアに、相手を尊重し自分も尊重される関係をつくり、維持する力をつけるのです。人と気持ちの良い関係を築くには、少し勇気が必要です。自分の身近なところで、できることから少しずつ試してみてください。

考えてみよう

- 人との関係の中でむしゃくしゃしたときに、その気持ちをどうしていますか。思い返してみましょう。
- 「相手のせいだ」と腹を立てたり、「自分のせいだ」と落ち込んだりするときに、それは本当でしょうか。他の人の意見をきいてみましょう。
- 自分が話しやすいのはどんな相手でしょう。得意なのはどんな場面でしょう。自分が出来ることや得意なことを振り返ってみましょう。

## おわりに

　本書のベースとなった授業は、学生の身近なトピックを取り上げ、社会で生きていく力を身につけることをさまざまな観点から考える、との趣旨でしたが、2年間の授業を通じて、共通する大事な点が浮かび上がってきました。それは、正確で適切な情報を取捨選択すること、過去から未来への時間の連なりの中で、また社会の広がりの中で自分を位置付けること、他者とつながり、必要なときに必要な援助を求めることと提供すること、の3つです。本書を手にされた学生の皆さんには、本書を参考にしていただくとともに、大学での学修や活動の体験を通じて、この3つのことをレッスンしていっていただきたいと思います。

　授業を開講するにあたって、快く講義をお引き受けくださった皆様に深くお礼を申し上げます。講義をお聴きしていて、お一人お一人が使命というべきものをもって、そのテーマの研究と実践に携わっておられることが身にしみて感じられました。それは学生にも伝わって熱気のある授業となり、毎回のコメントペーパーからも学生個々が何かを感じ、テーマを自分に引き付けて考えたことが伺われました。社会の中で自分の使命をもって仕事をされているありように触れることも、学生にとって大事なステップになると思います。本書からあの熱気を感じとってくだされば幸いです。

　企画から運営まで、学生部のプロジェクトチームが業務にあたりました。プロジェクトチームの皆様に感謝いたします。チームワークによって仕事をすることも社会人の大切なありようで、それを示すこととなったと思います。

　最後に、出版にあたって、多大なご助言、ご助力をいただきました学苑社の杉本哲也氏に心より感謝申し上げます。

　多くの方のご協力によって作られたこの本が、一人でも多くの学生の豊かな学生生活の役に立つことを願っています。

山中淑江

# 索 引

**アルファベット**
DV　148, 149, 151, 158, 162
Minds（マインズ）　93, 107
SNS　27, 37, 40, 42, 49, 132

**〈ア行〉**
アイデンティティ　8-13, 15, 18, 31, 128
アサーション　176, 177
アサーティブ　177-179, 182, 185, 186, 189
アルコール　67-71, 123, 145, 151
インターネット依存　45
うつ　133, 135, 136
うつ状態　134
うつ病　134-136, 138, 143
エリクソン　8, 11, 16, 18
お酒　63, 69, 70, 81, 123, 145

**〈カ行〉**
過程（プロセス）　86, 87, 88
カルト集団　21, 22, 26, 29
カルト団体　23, 25, 26, 34, 90
感染症　100, 104, 105, 106, 134
感染の3要素　102
危険ドラッグ　59, 62, 67, 68, 71
クランボルツ　13, 18
憲法　74, 75, 84
攻撃的　177-180, 182, 185

**〈サ行〉**
システミック（systemic）　172
システムとして見る　164
社会不安障害　131-133, 136
情報リテラシー　91
食育　111, 113
食教育　113
食生活状況　110

人格　75-77, 86
ストーカー　43, 44
ストレス　34, 97, 98, 100, 119, 128-130, 133, 136, 137, 177
生活習慣病　113, 114, 144
性感染症　104, 106
正義　84-88
成人期　6, 8, 15, 17
精神保健福祉センター　70, 71
青年期　6-9, 11, 12, 15, 18, 127, 130, 132, 146

**〈タ行〉**
ダイエット　59, 61, 71, 120-123
対処行動　136-138
対人恐怖　130-132, 136
デートDV　148, 149, 151, 153, 154, 162
トラウマ　154-156, 159, 160, 162

**〈ナ行〉**
日本脱カルト協会　33, 35
認知　97, 98, 137, 138, 142
認知行動療法　135, 137, 138, 140
ネット依存　46
ノンアサーティブ　177-179, 181, 182, 185

**〈ハ行〉**
パートナー　154
パートナーシップ　148, 149, 161
パフォーマンス機能　186
ハラスメント　75, 76
プロセス　86

**〈マ行〉**
マージナルマン　6
マインド・コントロール　22, 25-27, 29, 31, 32, 34

メインテナンス機能　186
メンタルヘルス　127, 128, 146

〈ヤ行〉
薬物依存症　52, 53, 55, 59, 62-64, 67, 71

〈ラ行〉
ライフサイクル　5, 8, 11, 16, 163

## 著者紹介

**逸見敏郎**（へんみ としろう）【編集、第 1 章】
立教大学文学部教授、元学生相談所長、臨床心理士。専門は臨床心理学。共編著書に『学校・教師の時空間』（三元社）、『ようこそ！青年心理学－若者たちは何処から来て何処に行くのか』（ナカニシヤ出版）、『やさしい心理学－心の不思議が考える』（ナカニシヤ出版）など。

**山中淑江**（やまなか よしえ）【編集、第 11 章】
立教大学学生相談所専任カウンセラー、立教大学現代心理学部教授、臨床心理士、大学カウンセラー資格取得。専門は臨床心理学。共著書に『学生相談ハンドブック』（学苑社）、『カウンセラーのためのアサーション』（金子書房）など。

**西田公昭**（にしだ きみあき）：立正大学教授（社会心理学）【第 2 章】
**高石浩一**（たかいし こういち）：京都文教大学教授（臨床心理学）【第 3 章】
**松本俊彦**（まつもと としひこ）：国立精神・神経医療研究センター精神保健研究所薬物依存研究部部長（精神医学）【第 4 章】
**宗像　雄**（むなかた ゆう）：関谷法律事務所（弁護士）【第 5 章】
**大生定義**（おおぶ さだよし）：立教大学教授（内科医）【第 6 章】
**時友正子**（ときとも まさこ）：元立教大学学生部職員（管理栄養士）【第 7 章】
**安宅勝弘**（やすみ かつひろ）：東京工業大学教授（精神医学）【第 8 章】
**中島幸子**（なかじま さちこ）：NPO 法人 レジリエンス代表【第 9 章】
**平木典子**（ひらき のりこ）：統合的心理療法研究所所長（家族心理学）【第 10 章】

**立教大学学生部・学生相談所 2011〜2013 年度全学共通カリキュラム「社会人への階段」プロジェクトメンバー（所属は当時）**

コーディネーター：逸見敏郎　山中淑江

2011 年度
田中章順（学生部）・伊藤洋介（学生生活課）・京角紀子（学生相談所）・工藤秀夫（学生生活課）・吉池　栄（学生生活課）

2012 年度
遠藤裕子（学生厚生課）・大井良介（学生生活課）・鈴川克仁（学生相談所）

2013 年度
小瀬典明（学生生活課）・大竹未央（学生生活課）・鈴川克仁（学生相談所）

大学生が出会うリスクとセルフマネジメント
　── 社会人へのステップ　　　　　　　　　　　　　Ⓒ 2015

2015 年 5 月 20 日　初版第 1 刷発行

　　　　　　　　　編著者　逸見敏郎・山中淑江
　　　　　　　　　発行者　杉本哲也
　　　　　　　　　発行所　株式会社　学 苑 社
　　　　　　　　　東京都千代田区富士見 2-10-2
　　　　　　　　　電話　03(3263)3817(代)
　　　　　　　　　fax.　03(3263)2410
　　　　　　　　　振替　00100-7-177379
　　　　　　　　　印刷　倉敷印刷株式会社
　　　　　　　　　製本　株式会社難波製本

検印省略　　　　　　　　　乱丁落丁はお取り替えいたします。
　　　　　　　　　　　　　定価はカバーに表示してあります。

ISBN978-4-7614-0771-1
C3037

# 学生相談から切り拓く
## 大学教育実践
学生の主体性を育む

窪内節子 監修　設樂友崇・高橋寛子・田中健夫 編著●A5判／本体 3200 円＋税

> 日本の明日を担うべき若者たちがいかにして自分自身を知り、広い視野をもって社会人としての認識・新しい覚悟をもつに至るのか。その心の変換の指標となるべきものを明かぜんとする専門家、待望の書。小倉清氏推薦！

# 学生相談と連携・協働
教育コミュニティにおける「連働」

齋藤憲司 著●A5判上製／本体 5000 円＋税

> カウンセリング現場からの課題提起と実践的検討、そして新たな概念の提示で構成される本書では、相談活動の新たな視座として「連働」という概念を提唱し、個別相談が果たす教育コミュニティへの作用と貢献について考察する。

# 学生相談ハンドブック

日本学生相談学会 50 周年記念誌編集委員会 編●A5判上製／本体 4500 円＋税

> 個別相談や連携・協働そして学生・教職員・保護者に向けた活動など、多様な側面がある学生相談について、独自の相談・援助活動からキャンパス全体を視野に入れた専門的な実践方法まで具体的に提示する。

# 学生相談と発達障害

高石恭子・岩田淳子 編著●四六判／本体 2000 円＋税

> 今日の高等教育機関において、学生相談を行なうカウンセラーや教職員が「発達障害」をめぐって直面する、さまざまな疑問や困難を取り上げ、事例として提示し、そこからどのような対応や考え方があり得るかを探る。

# ひきこもりと大学生
和歌山大学ひきこもり回復支援プログラムの実践

宮西照夫 著●四六判／本体 2000 円＋税

> 行き詰まった家族には、ひきこもり経験者が入り、空気を変えることが必要であると説く著者が、ひきこもる若者と30年間向き合いながら開発した「和歌山大学ひきこもり回復支援プログラム」を詳細に解説。

〒102-0071　東京都千代田区富士見 2-10-2　**学苑社**　TEL 03-3263-3817（代）　FAX 03-3263-2410
http://www.gakuensha.co.jp/　info@gakuensha.co.jp